DETAILS OF AN HOURGLASS

ДЕТАЛІ ПІЩАНОГО ГОДИННИКА

ДЕТАЛІ ПІЩАНОГО ГОДИННИКА
ПОЕЗІЇ З УВ'ЯЗНЕННЯ

МИКОЛА ГОРБАЛЬ

З української переклала
Мирося Стефанюк

ВИДАВНИЦТВО ЛОСТ ГОРС
Ліберті Лейк, Вашингтон

DETAILS OF AN HOURGLASS
Poems from the Gulag

Mykola Horbal

translated from the Ukrainian by
Myrosia Stefaniuk

LOST HORSE PRESS
Liberty Lake, Washington

Ukrainian Copyright © 2023: Mykola Horbal
English Translation © 2023: Myrosia Stefaniuk
English Translation of "Word from the Author" © 2023: Myrosia Stefaniuk
English Introduction "Naked Word of Mykola Horbal" © 2023: Myrosia Stefaniuk
Bohdan Horbal Drawings © 2023: Mykola Horbal

Series Editor: Grace Mahoney

Cover Art: Bohdan Horbal
Interior Art: Bohdan Horbal
Photo of Mykola Horbal: Stepan Babyn
Photo of Myrosia Stefaniuk: Marta Sobko
Photo of Bohdan Horbal: Mykola Horbal
Book Design: Christine Lysnewycz Holbert

FIRST EDITION

This and other fine LOST HORSE PRESS titles may be viewed on our online catalog at www.losthorsepress.org or on our distributor's website at wsupress.wsu.edu.

LIBRARY OF CONGRESS CATALOGING-IN-PUBLICATION DATA
Cataloging-in-Publication Data may be obtained from the Library of Congress.
ISBN 979-8-9865715-6-0

LOST HORSE PRESS
CONTEMPORARY UKRAINIAN
POETRY SERIES

Volume Thirteen

ЗМІСТ

CONTENTS

THE NAKED WORD OF MYKOLA HORBAL

Introduction

The 1960s and 1970s brought new waves of massive arrests and repressions as the Soviet government cracked down on the Ukrainian liberation movement spearheaded by young artists, writers, and prominent intellectuals known as Shistdesiatnyky (sixties dissidents). Thousands who spoke out against the systematic Soviet destruction of Ukrainian national consciousness, language, and culture were convicted in closed trials and sentenced to imprisonment in Soviet penal institutions, slave labor camps, and exile in extremely harsh environments. Such was the fate of Mykola Horbal.

• • •

IN THE BLEAK SIBERIAN LANDSCAPE where beyond the barbed wire, there is no visible demarcation between horizon and sky, night and day, nightmare and reality, for Mykola Horbal there is only the Word, naked, completely naked.

The Word, bared to its essence, exposes the inner man. It is Horbal's key to the meaning of existence, his proclamation of truth, beauty, and faith. Ultimately, it is his redemption from isolation, alienation, darkness, and despair.

Amidst barren prison surroundings devoid of warmth, light, and human touch, Horbal searches for warming, reassuring words, for a spark, an image, a memory that will illuminate the moment, but does not find them in the external world.

> *Oppressed*
> *I implored at least a spark of mercy.*
> *Granted . . .*
> *It did not last for long:*
> *pretense did not allow delight*
> *to feed the dying embers*
> *with a few quiet*
> *warming words.*

Horbal describes his harsh reality as a "freeing spiritual journey."
In the introductory remarks to the 2008 edition of *Details of an
Hourglass*, Yevhen Sverstiuk states ". . . his poetry was born in the
soul, fine-tuned on the strings of eternity, a momentary escape
from the coarse reality of the labor camp." The poet reaches for
solace and hope in his inner world, in universal truths, in nature,
and in God's grace.

> *In the corner, behind the bathhouse,*
> *when you find a moment of solitude*
> *you can hear how, accompanied*
> *by metal wires and fences,*
> *the forest sings "Hail Mary."*

In his reflective memoir, *One of Sixty* (Kyiv, 2001), Horbal declares:
"Life on earth is not paradise, but a short period given for perfect-
ing the soul, giving it opportunity to rise higher into enlightened
spheres . . . and to forgive our trespasses and those who trespass
against us."

> *Help me endure the kingdom*
> *of callous hearts*
> *without becoming wrathful myself . . .*

As he distances himself from falsehood, servility, and brutality,
Horbal expresses his indignation succinctly with a minimum
of words in terse verses filled with multi-layered metaphor and
meaning.

> *Surely you monsters do not think*
> *that with clipped wings*
> *the need to fly vanishes.*

Brief in form and without superfluous dressing, but rich in harmo-
ny and overtones, Mykola Horbal's word becomes a medium for
introspection of both the raging battle within as well as an expres-
sion of beauty and peace in nature.

In the zone of flowers and birds
the bluebird doesn't speak to the flowers—
here it is offensive to talk of beauty
*   Here,*
*   in the zone of immense silence.*

In such immense silence, the word is pointed inward, and the poet slips through the gateway of his soul into the infinite space and grand vastness of the universe "where eternities twirled their shimmering dance of infinity."

Time burrowed itself in darkness,
only the cosmos was heard
creaking galactic cogwheels . . .

There he becomes an awed observer of the precarious role of the single individual with acute awareness of the transience of mortal life, the hollow void of death, both personal and private yet universal.

. . . someone's lament wandered lost in the field . . .
. . . near the cemetery an orphaned morning wept . . .
. . . only a wet crow's crackly voice deplored fate . . .
. . . and before daybreak, someone will drive a nail into a wooden plank . . .
. . . only for me is my friend dead . . . gone so incomprehensibly.

The more confining the walls, the tighter they close in, the greater the rebellion within until it turns into stubborn obstinance and a fierce determination to fight and survive in the imposed hell:

Distinctly I felt
*   the fist tightening from anger . . .*
on the hand that had been lopped off
*   ten years ago.*

But even the obstinate rebel plunges into moments of yearning and tenderness with fleeting lyrical journeys into memories of home, daydreams of summer and youth and a life that once was. At times the images are heartwarming, but inevitably they are short-lived, bittersweet, and underscore the sadness of loss.

> *I wrote myself a libretto*
> *addressed to the winds*
> *so they would sing my aria*
> *howling through cold chimneys—*
> *I hurried time along with a hemp switch*
> *from broken childhood.*

Time is an underlying element in his confinement, an exterior and interior desert shrunken into a single prison cell. Horbal chose the book's title *Details of an Hourglass* ". . . because what you do in prison is observe time—every day in the cell is identical, grey like those sand grains—no visual or audial stimulation from the outside, just the same thing, day after day, one grain after another . . ."

> *Sand and sand*
> *no end, no boundary.*
> *All you need is a handful*
> *for an hourglass*
> *because time is the best judge.*

At night, when barriers between the real and imagined are removed, time cannot be hurried along, and dreams become nightmares of terror and fear:

> *Two thousand and one nights . . . a labyrinth of crooked mirrors . . .*
> *deformity among vampires . . . until I screamed . . . and ran along*
> *fringes of love and hate, insanity and wisdom . . . along margins of*
> *life and death . . . I raced . . .*

Images are placed side by side: memories and joy, music and peace, warmth and poetry, death and sadness, are often in direct opposition or open conflict: days and nights, suffering and hope, deceit and truth, reality and fantasy, the microcosm and macrocosm. Incongruous images are juxtaposed into an outcome that is startling, arresting and gripping: the lyrical with raw pain, the tender with the frightening, the innocent with the brutal.

> . . . *On shaved heads hair no longer rises from fear*
> . . . *The bloodied sun struggled uphill toward dawn*
> . . . *Amber thickens with time, after drowning the ant*
> . . . *A butterfly lands on the white carcass of a dead calf*
> . . . *Pages torn out of a Bible were meticulously wrapped on*
>   *a fresh Soviet "Pravda"*

Horbal is first and foremost a musician, a composer of songs. The unique interplay between dynamics, rhythm and tempo are ever present elements in which his naked word is clothed:

> *I whittled bits of music*
> *out of a willow twig,*
> *axed out two poems*
> *with a topirets.*
> *They wither and dry.*
> *Let them!—*
> *I'll warm my feet in the ashes.*

Like his mentor Bohdan Ihor Antonych, Mykola Horbal "hears with his eyes and sees with his ears" until sound and sense are organically fused:

> . . . *beetles drew note lines on dark blue twilight* . . .
> . . . *swallows align themselves in triads on wires* . . .
> . . . *sorrows clanging frightfully inside the head*
> . . . *melody draws on a bow string in blue ribbons* . . .
>   *into wreaths for a smile that faded too soon* . . .

Even silence is never empty:

> . . . *quietly as lilies*
> . . . *softly as peacocks*
> . . . *three kilometers of silence . . . sonorous silence*

Fate dealt Horbal a bitter blow. Separated from his beloved profession, he reflects mournfully but without bitterness:

> *How long has it been*
> *since the violin died? . . .*
> *Will Vivaldi come*
> *to commemorate*
> *the fortieth day*
> *after seven years . . .*

A humble man, possessing great courage, dignity, and faith in others and in God, he appears unaware of his own gift—the ability to capture, in a few sparse lines, the essence of man's existence. "I am not a real poet. The KGB made me a poet," Horbal insists. He refers to his works as "poetic reflections" written to chronicle the horrors of the Soviet totalitarian regime. Scratched on tiny bits of cigarette paper and smuggled out of prison, his words are dedicated to the thousands who risked their freedom and lives to break the Iron Curtain.

He survived the hell of Soviet prisons and concentration camps and was not broken. "Only my body was imprisoned, not my spirit," he affirms. Nor does he resent the brutal adversity of his life's journey.

> *I am grateful to fate that led me to Mordovia, the Urals, and Siberia where I met the finest Ukrainians . . . It was there that I was rid of that most miserable of emotions—fear. I feel that it was there that I became truly human.*

Brief in form and without superfluous dressing, Mykola Horbal's poetry is illuminated from within, radiating a deep spirituality and strength, a keen awareness of truth and beauty, and a stalwart faith in the innate goodness of humankind and the grace of God.

Such an immense amount of warmth . . . only You can bestow, Almighty . . .
Help me release the burden of doubts, so that joyfully I could come to You.

If one were to expand Horbal's reference to Genesis in his opening poem where "In the beginning was the Word . . ." then in giving that word visible form, it could be said that "the Word was made flesh and dwelt among us," both in the literal and spiritual sense.

Myrosia Stefaniuk

НЕ БІЙТЕСЯ!

Слово від автора

(Передрук, видання Київ 2008)

Це уже трете видання збірки поетичних рефлексій «Деталі піщаного годинника», але перше, в якому автор сам бере участь.

Перша збірка вийшла 1983 року у видавництві «Сучасність» у США, упорядником якої була Надія Світлична• (автор на той час був в ув'язненні).

До тієї збірки увійшов цикл поетичних рефлексій «Дні і ночі» з першого (1970 - 1977 рр.) ув'язнення та з часу другого ув'язнення (1979 - 1984 рр.) – «Деталі піщаного годинника», а також підбірка авторських пісень з нотами, їх у збірці п'ятнадцять. З цього приводу упорядник Надія Світлична у передмові скаже: «Третій розділ складають пісні, – всі, які вдалося дотепер зібрати, хоч відомо, що це лише частина пісенного доробку…

Залишається дивуватись, якими дорогами ті пісні потрапили з тоталітарної держави за кордон. Знаю, як кожна з тих пісень інкогніто переправлялася з концтабору та заслання на т. зв. волю і, як правило, кожна іншому адресату, щоб потім, якимось дивом, опинитися усім разом аж в Америці у Надії Світличної (детальніше про це нижче).

Друге видання вийшло 1992 року у видавництві «Український письменник» за редакцією Любові Голоти.•• Власне, теж без моєї участи. Просто пані Любов попросила дозволу на матеріалах збірки, що вийшла в Америці, зробити українське видання. Бо «…українці в Америці знають вас як поета, але, на жаль, не в Україні». Я дав їй дозвіл зробити це на її власний смак та розсуд. У її виданні розділ пісень – уже без нот. Єдине: у цю збірку увійшов ще новий цикл – «Придорожня капличка» (присвячений побратимам, що загинули в неволі), який мені вдалося вивезти з третього ув'язнення.

DO NOT BE AFRAID!

A Word from the Author
(Reprint from Kyiv edition, 2008)

THIS IS THE THIRD PUBLICATION of my poetic reflections *Details of an Hourglass*, but the first in which the author is a participant.

The first collection was published in 1983 by Suchasnist Publishers in the US, edited by Nadia Svitlychna.* (The author was imprisoned at the time).

That collection included a cycle of poetic reflections "Days and Nights," written during the first prison sentence (1970 - 1977) and the second incarceration (1979 - 1984). It also included a section of fifteen authored songs with musical notations. (Nadia Svitlychna indicated that this was only a portion of my compositions) . . . It is a mystery how these found their way beyond the borders of a totalitarian state. I know they were smuggled incognito out of the concentration camp and exiled to freedom, and by some miracle made their way to Svitlychna in the United States.

The second edition was published by *The Ukrainian Writer* (1992), edited by Lubov Holota,** also without my input . . . Ms. Holota requested permission to publish selections from the US edition "because Ukrainians in America know you as a poet but, unfortunately, not so in Ukraine." Permission granted. This edition included a new cycle "Roadside Chapel," which I was able to bring out of my third incarceration (dedicated to my brothers who died in prison).

At this point, presenting me as a "poet and composer" should end, because I don't consider myself either one or the other. It is true that I was sentenced for poetry (but who doesn't write poems in youth?).

After rehabilitation, the KGB (now FSB) returned my incriminating poem "Duma," but now I doubt that it had great artistic merit. Frankly and honestly, it was simply an anti-Soviet piece, and little else.

На цьому презентація мене як «поета і композитора» мусила б закінчитись, бо ні одним, ні другим себе не вважаю. Мене справді судили за вірші (але хто в юначому віці їх не пише?).

Після реабілітації, КҐБ (чи то пак уже СБУ) повернув мені інкримінований твір, поему «Дума», але не думаю, що на цей час вона має аж якусь велику художню вартість. Так, це відверто, так – це чесно, так – це справді антирадянсько, але не більше.

Попри все: демократичний світ знав – мене переслідують за мою творчість, як поета і композитора. А такий статус уже зобов'язує. І ще хотілося довести стражам тоталітарного режиму, що я таки зумію словом виламати мур їхньої тюрми. Бодай там що! – у світі мусить з'явитися моя збірка! Хоч до ув'язнення не публікувався.

Ховаючись від наглядачів, на цигарковому папері записую ремінісценції невільницького стану (потім це буде названо – «невільничі поетичні рефлексії»). Музика натягнутих нервів: докір і молитва, пошук і пізнання, розчарування та утвердження себе.

Не все дійшло за призначенням, але 1983 року таки виходить в Америці збірка «Деталі піщаного годинника».

Це радше ляпас каґебістам. Ви мене закрили, щоб і не писнув, ось нате вам! Отримавши таку сатисфакцію, можна б і заспокоїтись...Якби не один випадок.

Нещодавно (влітку 2007 року), працюючи в США з архівами Надії Світличної (з метою перевезення їх в Україну для Музею шістдесятництва), серед іншого знайшов і кілька матеріалів конспіративно писаних мною в ув'язненні.

Знайомі мені смужки цигаркового паперу, дрібненькі, як макові зернятка, літери. Боже мій! Яку немислиму дорогу пройшли ці папірці. Згадалося, як, ховаючись від злого ока, потайки писав їх, як переховував, як шукав нагоду передати із табору.

Серед хроніки поточних подій, що мала інформувти вільний світ про злочини режиму, знаходжу на кількох тоненьких смужках і свої поетичні рефлексії, що не увійшли до збірки. Очевидно, досталися до Надійки* уже після того, як збірка

Nevertheless, the democratic world knew that I was persecuted for my creativity as poet and composer, and this status carried a certain responsibility. Plus, I wanted to prove to guards of the totalitarian regime that, in fact, I could break the walls of their prison with words. No matter what!—my collection would appear in the world! Even though I had not been published prior to imprisonment.

Hiding from guards, I recorded reminiscences of my incarcerated state on scraps of cigarette paper (later, these were titled "Poetic Reflections from Imprisonment"). This was the music of strained nerves: reproaches and prayers, searches and enlightenment, disillusionment, and affirmation of the self.

Not everything went as destined, for in 1988, my *Details of an Hourglass* collection was published in America.

This was a real slap to the KGB. They had locked me up to keep me silent and then, *this*! Satisfied, I should have been appeased . . . if not for one incident.

In the summer of 2007, working on Nadia Svitlychna's archives in the States (with intent of transporting them to Ukraine's *Museum of the 1960s Movement*), I found, among other things, some materials secretly written by me in prison. Familiar bits of cigarette paper, with tiny letters on them like poppy seeds. My God!

What unthinkable journeys they had undergone. I remembered hiding from the evil eye, writing them covertly, concealing them, and trying to find a way to smuggle them out of the camp.

Amidst chronicles of current events that were to inform the world about the regime's crimes, I found several thin strips of poetic reflections that didn't make it into the book. Obviously, they reached Nadia after publication.

But what prompted me to republish this collection (with the additions) was actually a single little piece of paper attached to my texts, written by an unknown hand in Russian and English, stating that these documents must be delivered to Nadia Svitlychna in the U.S. and that I was the author. I don't know how these papers that came out of the Kuchino••• death camp reached the free world. I don't know who wrote down the address. But this small note remains proof of universal solidarity.

The cigarette papers that Mykola Horbal composed poems on while incarcerated in the Gulag.

вийшла. Але не це спонукало перевидати збірку (з доповненням), а радше один невеличкий папірець, доданий до моїх текстів і написаний чиєюсь іншою рукою російською та англійською мовами, про те, що ці документи мають бути передані Надії Світличній у США і що автором був я. Мені не відомо, якими дорогами ці папірці, вийшовши із Кучинського табору смерті*, потрапили у вільний світ. Не знаю, хто дописував адресу. Але цей невеличкий папірець залишається свідченням вселюдської солідарности.

Це нове видання «Деталей...» хай буде присвятою тим десяткам знайомих та незнайомих мені людей, що, ризикуючи власного свободою, передавали з рук в руки ці папірці, ламаючи Словом залізну заслону.

До перевидання цієї книжки спонукала також потреба зайвий раз нагадати − НЕ БІЙТЕСЯ! Хай приклад цих дрібненьких папірців, що подолали колючі дроти й заборони, що повернулися до мене через роки і континенти, буде вам додатковим свідченням − НЕ БІЙТЕСЯ!

Усвідомлюю, що далеко не все, написане мною в неволі, є досконалим. Світлична також була дещо здивована манерою невільничих рефлексій. Гадаю, вона ніколи не бачила мене без посмішки і дотепу, а тут на тобі...

«Може видатися, що рефлексії не відповідають місцями характерові та життєвій позиції автора, місцями в них багато відчаю, страху, знервованости, злости, голого крику. Але всі ми часом надіємось, часом любимо, часом ненавидимо. А коли це оголити, може виглядати непривабливо, а тим паче, коли це навмисно показується опукліше», − пише Надія Світлична в передньому слові до першого видання.

Ба й справді якийсь парадокс: можливо, ніде так багато я не вдавався до іронії і жартів, як в ув'язненні, і ніде не почував себе таким духовно вільним, як саме там. Чому ж рефлексії «місцями» такі плотсько знервовані? Може, тому, що дух не сидів у тюрмі, а тільки плоть?

Також усвідомлюю, що до багатьох із рефлексій з великою натяжкою можна додавати слово − поетичні. Це й справді «місцями» «голий крик», або гола декларація. Хоча б таке:

The new edition of *Details* is dedicated to the multitudes, known and unknown to me, who risked their own freedom, and passed along these papers, thus breaking the Iron Curtain with the Word. Republishing this book was also motivated by the need for yet another reminder: DO NOT BE AFRAID! Let the paragon of these scraps of paper that overcame barbed wires and suppression, and returned to me over years and continents, serve as additional testimony—DO NOT BE AFRAID.

I am well aware that not everything written by me during incarceration is perfect. Svitlychna was somewhat surprised by the tone of the prison reflections. I suspect she rarely saw me without smiles and witticisms, but here you have it . . .

In her Foreword to the first edition, Nadia Svitlychna wrote: "It may appear that the reflections at times don't represent the author's character and life view. In places there is much despair, fear, tension, anger, and naked screams. But all of us sometimes experience hope, sometimes love, sometimes hate. And when exposed, it may seem unsavory, especially when so deliberately blatant . . ."

Perhaps it really is somewhat paradoxical. I was never as inclined to irony and jokes as in prison, and never did I feel so spiritually free as I felt there. So why are these reflections "at times" so viscerally agitated? Perhaps because only the body was in prison not the spirit?

I am also aware that to refer to many of these reflections as "poetic" is a far stretch. Indeed, in some places, they are naked screams, or naked declarations, such as:

> *Why should I be afraid?*
> *The empire of evil will collapse!*
> *It will fall apart, like all others before it.*
> *Because such is the law of eternity.*
> *Glory to You, God,*
> *For this Law!*
> *So why should I be afraid.*

Чому маю боятися?
Імперія зла рухне!
Розвалиться, як і всі попередні,
Бо такий закон вічності.
Слава Тобі, Боже,
За цей Закон!
То чого ж маю боятися.

Очевидно – це чистої води декларація, а не поезія. На сьогодні, коли імперія СРСР розвалилась, це навіть як декларація звучить банально. Лиш з огляду на те, коли, де і за яких умов це було написано, залишаю все без змін.

Саме тоді Президент США Рональд Рейґен охарактеризував Совєтський Союз як «Імперія зла».

Кучинський табір особливо суворого режиму – єдиний, такого роду, табір на цілий Совєтський Союз для «політичних рецидивістів» (тих, хто неодноразово суджений за т. зв. державні злочини). У 1985 році, коли мене привезли в концтабір Кучино-1, тоді там каралось усього двадцять чотири в'язні на всю імперію; це був заклад фізичного виснаження та ламання духу.

При першому ж виклику до тюремного начальства каґебіст попередив: «Ґорбаль, нада что-то думать, а то отсюда живой нікто нє виходіт», – натякнув на писання покаянної заяви. Не думаю, що він дуже блефував, бо тільки за два останні роки з цієї «юдолі печалі» пішли у вічність четверо моїх побратимів: Валерій Марченко, Олекса Тихий, Юрій Литвин, Василь Стус.

Бог милував – каятись я не збирався, але саме десь тоді була написана ця коротка рефлексія «Чого маю боятися? Імперія зла рухне!..». Хоч на той час ні кінця, ні краю імперії зла ще й не було видно.

Немає КҐБ, немає СРСР, на місці табору смерті – Музей політичних репресій, але є папірці, написані там, як арґумент, щоб зайвий раз сказати – НЕ БІЙТЕСЯ! У текстах майже все залишаю без змін. Нехай ці окрайці думок із неволі зостануться свідченням про надто непривабливу добу.

Obviously—this is a declaration, clear as water, and not poetry. And today, with the collapse of the Soviet Empire, such a declaration even sounds banal. But only in the light of where and in what conditions this was written, I leave it unchanged.

At that time, U.S. President Ronald Reagan characterized the Soviet Union as an "empire of evil."

The Kuchino••• penal colony of this severe regime was the only such camp in the entire Soviet Union for "political recidivists" (those who are repeatedly sentenced for crimes against the state). In 1985, when they brought me to the Kuchino concentration camp, there were only twenty-four prisoners from the entire empire tortured there; this was a factory for physical exhaustion and for breaking the spirit.

When I was first called out before the prison board, the KGB agent warned: "Horbal, don't even think you will ever get out of here alive. No one leaves here alive," implying I should sign a statement of repentance. I don't think he was bluffing, because during the final two years in this "valley of tears," four of my brethren passed on to eternity—Valeriy Marchenko, Oleksa Tykhyj, Yuriy Lytvyn, and Vasyl Stus.

God was merciful. I did not intend to repent, and about then I wrote that brief reflection "Why should I be afraid? The empire of evil will collapse . . ." Although at the time, no end or boundary to the evil empire was in sight.

There is no KGB, no USSR, and in the place of the death camp—a Museum of Political Repression. But those bits of paper, written there are reason to repeat one more time—DO NOT BE AFRAID! In the texts, I leave almost everything unchanged. Let these encrusted thoughts from my imprisonment remain a testimonial to a very heinous era . . .

Mykola Horbal

• *Надія Світлична (1936-2006) родом з Луганщини. Лауреат Національної премії за публіцистику. Активна учасниця руху шістдесятників. 1972 р. засуджена за «антирадянську аґітацію і пропаґанду» — чотири роки концтаборів. Член Української Гельсінської групи. Відмовилася від радянського громадянства. 1978 р. вислана за межі СРСР. Працювала в США на радіо «Свобода». Кавалер ордена Княгині Ольги та ордена «За мужність» I ступеня – посмертно. Похована на Байковому цвинтарі у Києві.*

•• *Любов Голота – українська письменниця. На той час – редактор видавництва «Український письменник».*

••• *Село Кучино Чусовського району Пермської області, де були розташовані два табори (суворого та особливо суворого режиму) для політв'язнів. Зараз там Музей політичних репресій.*

* *Nadia Svitlychna (1936 - 2006), Luhansk Region. A human rights activist in the 1960s, she was arrested for anti-Soviet agitation and propaganda, sentenced to four years of concentration camp, and was a member of Ukrainian Helsinki group. She refused Soviet citizenship and was exiled from the USSR. She worked in the US at Radio Liberty, received the Ukraine's National Prize for journalism, and the Princess Olha Medal for bravery first class (posthumously). She is buried at Baykiv Cemetery in Kyiv.*

** *Ukrainian writer, editor of* The Ukrainian Writer *journal.*

*** *Kuchino Village, Chusovska Region, Perm District, place of two forced labor colonies for political prisoners (severe and extremely severe regimes). Now, it houses the Museum of Political Repression.*

ДНІ І НОЧІ

Невільницькі поетичні рефлексії

DAYS AND NIGHTS

Poetic Reflections from Imprisonment

Як ще не було дня
    і ще не було ночі,
 бо ще нічого не було,
   ніхто нікого ще не кляв
     і не молився ніхто нікому,
  бо ще нічого не родилось –
       було лиш СЛОВО.
         Голе-голісіньке.

              • • •

У той самий час,
   коли у Всесвіті народжувалася нова галактика,
слідчий заводив справу
       за несанкціоноване використання
  енергії думки.

              • • •

Яка спокійно-впевнена
         охорона Лукавого.
   Яка показово-спокійна.

              • • •

День крадькома підійшов до Ночі,
    затулив їй долонями очі.
       Впізнала,
         чекала,
           не спала,
Відчула дотиком початок Дня –
     зашарілась,
         довірилась,
            тішилась,
               ніжилась,

When there was no day
        and there was no night,
    because nothing existed yet,
            no one cursed another
                and no one prayed to anyone
            because nothing had been born yet
    there was only the WORD.
                        Naked, completely naked.

···

At the same time,
        that a new galaxy was being born in the universe
the interrogator opened the case
                for unsanctioned usage
        of energy for thinking.

···

So calmly confident
                is Evil's defense.
        So obviously calm.

···

Day approached Night on tiptoe
        covered her eyes with his palms.
            She recognized him,
                was waiting
                    had not slept.
By touch she sensed the Day's beginning—
        blushed,
            relaxed,
                rejoiced,
                    mellowed

А потім поволі виповнив її світанням ізсередини
   обімліла,
      обм'якла,
         розчинилась...

               • • •

У ніч,
   коли відштовхувались дві закохані зорі
            у свою протилежність, –
поетом був,
   віршами світ бродив,
   а ранком впертим встав,
      як чорний
        віл.

               • • •

Темна.
   Вишивала льолю
      маленькому синочкові
   пір'ячком, травичкою,
      пелюстками,
        дротиками,
   хрестиком у тернову доріжку.

               • • •

Окровавлене сонце
   моцувалося під гору розвиднення.
Червоне сонце на заході –
        до бурі.

And slowly as he filled her from within with light
    swooned,
        softened,
            unfolded . . .

          • • •

At night,
    when two enamored stars pushed each other
                  in opposite directions,—
    I was a poet,
        roamed the world with poetry
        but in the morning I became as obstinate
            as a black
                bull.

          • • •

Blind.
    She embroidered a nightshirt
        for her little son
    with feathers, grasses
        petals,
            wires,
    cross-stitched for a path of thorns.

          • • •

The bloodied sun
    struggled uphill toward dawn.
A red sun in the west—
        before the storm.

...

Зсірілим степом
   реве Славутич,
прив'язаний мотузом за роги.
Стримування залізом врізається в зап'ястя.

...

Розбухлий від зґвалтування мамоною
            атом
горнув наперед себе,
    як грейдером,
        каменолом страждань,
а ззаду,
  на пригладженій червоній ріллі,
лапали сліпе гайвороння втіхи
скоцюрблені хлопчики
      мовчки.

...

Пори віку
   через клітку грудей
схрестили шпаги.
  (Який-бо світ тісний!)

...

Нарешті
   світло зірки,
що погасла мільйон років тому,
таки досягнуло нашої планети...
Хто ж я у цьому просторі і часі?
І хто мій слідчий?

. . .

In the gray steppe
    Slavutych˙ roars,
horns tethered with ropes.
    Iron restraints gouge wrists.

˙ *Historical name for Dnipro River*

. . .

Swollen from rape by greed
        the atom
like an excavator
    shoveled up
        a quarry of suffering,
while in back,
   on a smoothly leveled red field
  cowering boys
     snatched blind crows of delight
        silently.

. . .

Seasons
    crisscrossed their foils
       on my ribcage.
       (How tight the world!)

. . .

  At last
    light from a star
that died a million years ago
finally reached our planet . . .
Who am I in this space and time?
      And who is my interrogator?

...

Заплуталися слимаки в ожині,
тягнучи на спинах свої хати.
– Куди йдете?
– Маємо хату, будемо тут.
– Але ж ви йшли кудись?!
. . . .

...

Витесав з вербової дощечки
        музики трошечки,
    та ще й вершики два
        топірцем зрубав.
В'януть, сохнуть.
        Нехай! –
    Буду в попелі ноги гріти.

...

Скляне прозоре
    тверде крихке
холодне непрактичне
    гепнулось
        тріснуло

...

Час занурився в пітьму,
    лиш чути як космос
        скрипить трибами галактик,
мов старезний млин.
    Та вузлик нервів з острахом
        дивиться на вкриту

· · ·

Snails got entangled in a blackberry bush,
pulling their homes on their backs.
—Where are you going?
—We have a home, so we'll stay here.
—But weren't you heading somewhere?

· · ·

I whittled bits of music
        out of a willow twig,
     axed out two poems
           with a topirets*
They wither and dry.
           Let them!—
     I'll warm my feet in the ashes.

* *Hutzul mountain ax.*

· · ·

Glassy transparent
     hard brittle
cold impractical
     crashed
           cracked

· · ·

Time burrowed itself in darkness,
     only the cosmos was heard
           creaking galactic cogwheels
     like an ancient mill.
           A bundle of nerves fearfully

29

космічним порохом
павутинку ілюзій:
урветься?...

• • •

Юрби обезличених
і натовпи невпізнаних,
натовпи однаково застрашених
і юрби однаково байдужих...

Лише жменька людей
кудись іде.

• • •

Смійтеся! –
Дві тисячі і одна ніч
у володіннях кам'яного сфінкса
захекавшись
по заплутаних закамарках
безнадійного байдужжя;
Лабіринт кривих дзеркал
викривляє кожен жест;
упирами обступає спотвореність.
Не оглядатись,
скоріше!
Навпомацки до відчаю.
То спереду, то ззаду.
Хихикаючи
забігає злорадність.
Десь є вихід,
тільки один –
безвихідь.

gazes at a web of illusions
covered with cosmic dust:
will it rip?. . .

• • •

Faceless crowds
and indiscernible hordes,
hordes equally frightened
and crowds equally indifferent . . .

Just a handful of people
heading somewhere.

• • •

Laugh!—
Two thousand and one nights
ruled by a stone sphinx
sputtering
in entangled crannies
of hopeless indifference;
A labyrinth of crooked mirrors
distorts every gesture,
deformity surrounded by vampires.
Do not turn around,
faster!
Groping in despair.
in front, then in back.
Snickering
malice enters.
There is an exit,
only one—
a dead end.

Не оглядатись,
скоріше, бігом!..
. . . .
А ніч з протезними зубами.
(ще одна)
Смійтеся!

...

Єсьм мікрокосм,
бо створений по образу
й подобію його –
мовчазний бунт.

...

У синій порожнечі
м'яко, мов пави,
тихо, як лілії,
кружляли вічности
свій мерехтливий танець
безконечности

...

Зашкарубла рисочка дару
ніяк не перетне лінії серця,
щоб вибухнути
самоспаленням.

...

Стовпи тупцюють танець незворушности,
обхопившись за плечі кудлатими дротяними руками,
вигулюють аркан навколо животіння.

Do not turn around,
          run, faster!
. . . .
A night with prosthetic fangs.
          (yet another one)
               Laugh!

                              • • •

I am a microcosm,
          created in the image
               and likeness of him—
                         silent rebellion.

In blue emptiness
          softly as peacocks,
quietly as lilies,
          eternities whirled
               their shimmering dance
                    of infinity.

                         • • •

An encrusted trace of a gift
          cannot cut through the heartline
               in order to explode
     in self-immolation.

                         • • •

Fence posts stomp a dance of immobility,
 clutching shoulders with scruffy wiry hands
     they pound out an *arkan*˙ around a miserable existence.

Гнітить.
Думаєте, захлиснуся вашим плюгавством?!
...аркан.

˙ *Гуляти (діал.) – танцювати. Вигулюють – витанцьовують.*
˙˙ *Гра слів: тут «аркан» як народний танець.*

. . .

Зголоднілий світа,
　　　затулив вуха від самого себе, –
Жалі дзвонами у скронях били на сполох, –
　　　Горіло зеленим полум'ям Ніщо.
　　　　А чим гасити?!
　　　　　Зяяло чорне дно чаші терпінь.

. . .

Сутужно.
　　Молив хоч іскру ласки.
Вимолив,
　　втішився
　　　　роздмухав,
　　　　　заходивсь
і грівся коло багаття,
　　　　розпаленого фантазією.
Не на багато вистачило:
　　вдавання не дозволило любості
підкинути в пригаслу ватру
　　　хоч пару тихих,
　　　　　теплих слів.

Oppressive darkness.
You think that I will choke on your defilement?
. . . *arkan.*[*]

[*] *Wordplay: A Hutzul circle dance; also, a noose.*

• • •

Starved for the world,
I shut my ears from myself,—
   Sorrows clang alarm bells in my head,—
      Nothingness burns with a green flame.
         How to extinguish it?!
            A gaping black bottom in the cup of anguish.

• • •

Oppressed.
   I implored at least a spark of mercy.
Granted,
   I rejoiced,
      stoked it,
         hustled about
and warmed myself around the fire
      inflamed by fantasy.
It did not last for long:
   pretense did not allow delight
to feed the dying embers
with even a few quiet
      with even a few quiet
         warming words.

Сам.
Приніс оберемок осени
в оселю голубого смутку.
На Різдво роздам
колядникам уявним
по жменьці шелестіння
на срібні дзвоники.

Писав лібрето,
адресоване вітрам,
щоб виспівали й мою арію
завиванням в холодних димарях –
час підганяв батіжком
із зламаного дитинства.

Потайки від себе
відслонити паранджу неспроможного,
заглянути в лице судженого.
Страх незвіданого
вчасно схопив за руку
та наробив лементу.
Два нагих хлопчики
осідлали лозини
й побігли карачкато
боронити недозволене.

36

···

Alone.
    Brought in a sprig of autumn
        into the dwelling of blue sadness.
At Christmas, I will distribute
    handfuls of rustling murmurs
  for silver bells
        to imaginary carolers.

···

I wrote a libretto
    addressed to the winds
 so they would sing my aria
    howling through cold chimneys—
   I hurried time along with a hemp switch
      from broken childhood.

···

  Secretly to myself
I wanted to uncover the burqa of the powerless,
   peer into the face of the condemned.
      Fear of the unknown
        grabbed my hand in time
  and began wailing.
    Two naked boys
      saddled willow twigs
  and scurried on all fours
       to defend the forbidden.

...

Не те щоб ти безликий –
Дозрів ти безпуття:
Ти сам собі великий
І сам собі дитя.

...

Закорковане,
    забуте,
        настояне,
п'яніло від самого себе,
    бродило саме в собі,
   стомилося від самого себе,
    згусло
        закорковане.

...

Дні – фотографії снів
    у збриженій воді
        застояного мовчання.

...

Виразно відчував,
   як від злости стискався
        кулак на руці
що вже десять років тому
    була відрубана
      сатрапами.

...

It's not so that faceless—
you would become aimless:
You are your grown up
And are your own child.

...

Bottled up,
        forgotten,
                distilled,
fermented from itself,
        strayed within itself,
    tired of itself
                thickened
                    bottled up.

...

Days—photographs of dreams
    in splattered water
            of stagnant silence.

...

Distinctly I felt
    the fist tighten from anger
                    on the hand
that had been lopped off
                ten years ago
                    by despots.

• • •

Виводить мене з себе:
      блукають вогники на трясовинах,
      а слова, як розсипчастий сніг, –
         не стисну в грудку,
         щоб жбурнути у привид світла.
             Виводить...

• • •

Коли ж то поприбивають афіші
      на пусту доскіпливість звичних:
        «Заходьте!
          Сьогодні виставка його спокою!»

• • •

Скельця потрощених ілюзій
      в калейдоскопі часу
         складались у химерні візерунки –
         Поезія.
          (?)
Мабуть, прийдеться розтрощити й цю
               забавку.

• • •

Сон гусне у в'язкій пітьмі,
Паралічем душить хід.
На колінах і ліктях тільки
Між гробами. – Де Божий гріб?

. . .

It drives me mad:
     lights flicker on the trails,
  and words are like crumbly snow—
     I cannot squeeze them into a ball
    to hurl at the mirage of light.
        It drives me mad . . .

. . .

When will they put up posters
    for the usual inane bickering
    "Enter!
       Today his peace is on display!"

. . .

Glass slivers of shattered illusions
     in the kaleidoscope of time
        formed capricious patterns—
       Poetry.
       (?)
Perhaps this toy also must
       be smashed.

. . .

The dream thickens in dense darkness,
Paralysis constricts movement.
Only on knees and elbows
Among the graves.—Where is God's sepulcher?

Щоночі по-між гробами
Цвинтарний спутує жах.
Дай мені спокій, люба,
Твоєю відсутністю в снах.

Щоночі через провалля
З прірвами повних гаддя.
Безличчя мерзенних ночей
Без квітів, без тебе, без дня.

. . .

З веж
за «запрєткою»·
     підморгує до мене
холодними очицями залізних цівок
    бліда красуня
       із зеленим волоссям.
        Вечоріє.

· *«Запрєтная зона» -огорожа концтабору: колючий дріт, високі паркани, переорана і зрихлена смуга, система сиґналізацій, вежі, на яких постійно знаходяться вартові з автоматами.*

. . .

Нарешті! –
   Здається, вдалось
із зденервованости виліпити Спокій.
   Ще ніби бовван,
        але вже спокій.
Рожевий і легкий.

Every night among the graves
Seized by graveyard terror.
Let me have peace, beloved.
With your absence in dreams.

Every night through the abyss
The precipices filled with vipers.
Faceless miserable nights
Without flowers, without you, without day.

• • •

From the towers
   behind the *zapretka*˙
               she winks at me
with the cold eyes of steel barrels
         pale beauty
               with green tresses.
                  Evening.

˙ *Zone boundary with high fences, barbed wires, ditches, watch towers, armed guards with automatic weapons.*

• • •

At last!—
   It seems I've succeeded
in molding Peace out of anxiety.
         It's only a rough clump
               but is already peace.
      Rosy and light.

...

                    В бараках
по кутках
          сиділи навпочіпки
і сміялися тихо
                    до себе
про себе
          з усього.
    Вони вже вільні –
          Боже
          вільні

                    ...

Замерзаючі вмирають у блаженстві
...зморені
присіли трошки відпочити
лиш трішечки.
                    ...Солодко.

                    ...

Теплінь приклеїла
          на голубому папері неба ромашку
і було літо,
          і все, в літі,
І була Христя,
          І була Мирося,
І була радість
          зеленого коника
на сінокосі.
                    Була.

                        • • •

        In the barracks
they squatted
        in corners
laughing softly
        to themselves
at themselves
                at everything.
They are already free—
                God
                        free

                        • • •

Those who freeze die in sanctity
                . . . weary
        they squat to rest a bit
                just a bit.
                . . . So sweet.

                        • • •

Warmth glued a daisy
        on the sky's blue paper
and there was summer,
        and all that was summer,
and there was Chrystia,
        and there was Myrosia,
and there was the joy
        of a green grasshopper
in a hayfield.
        There was.

· · ·

А Морозенко листа писав до тата.
Короткого, як і його штанята:
         «Тату, маю ровер
                  і їду куди хочу».

· · ·

Сон почовгав кирзаками попід вікна:
         Бояриня Морозова на санях,
                  навколо босі юродиві.

· · ·

Він
         по пухких хмарках порожнього неба
         на бистроногих оленях
                  з рогами пишними,
         що малював їх на шибках вікон
                  розлініяних у ґратки.

· · ·

...серед жита
на суголовках,
понад вербовим яром,
на віддалі один від одного,
         в киптарях,
                  з блідими крейдяними лицями
                  хористи.
                  Мерці. (?)

• • •

Morozenko* wrote a letter to his father.
A short one, like his trousers,
   "Father, I have a bicycle
      And I go where I please."

* *Stalin's boy hero who denounced his father to authorities.*

• • •

A dream shuffled its heavy boots beneath the windows:
   Noblewoman Morozova on a sled,
      Surrounded by barefooted imbeciles.

• • •

Him
   on fluffy clouds in an empty sky
   on fleet-footed reindeer
      with magnificent antlers
   that he painted on windowpanes
      lined with bars.

• • •

. . . in the field
         on dry stalks,
above the willow valley,
one by one
      wearing *kyptars,*
   with pale chalky faces
      stand the choristers.
         Corpses. (?)

Мушу дириґувати «Журавлі»
...а руки?!
Де ж мої руки?!
Вітер лопотить на жердині
          порожніми рукавами.

• • •

Озимина в Асафатовій долині˙
вкладена цеглою.

˙*Долина Хрестів на Вінничині де похвані мученики; згадується у Старому Завіті.*

• • •

В очах порожньо,
          прийде,
               стане,
                    вдивляється
«...обізнався»,
               знітився,
                    пішов.
В очах пустка.
          Прийде,
               стане,
                    вдивляється
«...обізнався»,
               знітився,
                    пішов.
В очах безодня.
          Прийде,
               стане,
                    вдивляється...

I must conduct *The Cranes* song˙˙
    . . . but hands?!
    Where are my hands?!
The wind flutters empty sleeves
        on deadwood.

˙ *Hutzul sheepskin jackets.*
˙˙ *Song-requiem after a poem by Bohdan Lepkyj.*

•••

Winter in the Valley of Josaphat˙
    walled by bricks

˙ *"Valley of Crosses" in Vinnytsia. Shrine and burial place of martyrs; also Biblical place of judgement.*

•••

The eyes—hollow
        he comes,
            stands,
                stares—
  "briefed"
      cowers,
        goes.
The eyes—empty.
      He comes,
            stands,
               stares—
  "briefed"
      cowers,
        goes.
The eyes—a chasm
      He comes,
           stands,
             stares . . .

...

Крайка з зеленої тиші,
        намисто з смішинок,
небо догори дном
        та дві хмарки
            кучерявими овечками.

...

...шукати серед степу кам'яну бабу,
      як вчорашнього дня.
        Бо що інакше?
Вона стерпить...
    Буду ревнувати її до половців,
        а вона буде мовчати,
буду шаленіти від того мовчання,
        а вона буде мовчати...
Але ж мені треба з кимось говорити?!
        Ну, чому мовчиш?

...

Можна перемогти,
    взявши на озброєння методи ворога,
але чи не сподобається зброя,
        яка дарує перемогу.

...

Напевно,
    яструб голуба вбив —
    не приносить листів.
        Сум.

• • •

A sash of green silence
            a necklace of smiles,
a sky turned upside down
            and two clouds
                    like curly sheep.

• • •

. . . searching for a *stone baba*˙ in the steppe
            as if for my yesterdays.
                    For what else is there?
She will endure . . .
            I will envy her Polovtsians˙˙
                    but she will be silent,
I will go mad from that silence,
            but she will stay silent . . .
But I need to talk to someone?!
            So, why are you silent ?

˙ *Ancient stone women statues in steppes, sentinels of ancestral graves.*
˙˙ *Nomadic warriors of Eurasian steppes during Middle Ages.*

• • •

You can be victorious
    by adopting the enemy's munitions
but might you not admire the weapon
    that provides victory.

• • •

Surely,
        the hawk killed the pigeon—
        he doesn't bring letters.
                    Sadness.

А кам'яний орган уже вкотре починає:
   «У степу могила
         з вітром говорила».

                    • • •

Відквилив нерозквітлий квітень мій
(хоч втрати травнів треба заклечати),
Та у літах засидівсь березій:
І сам не йде, й ніяково лишати.

То ставсь для себе сам своїм хрестом,
Слизять соками суму сизі гами,
Як в студню, в пройшле каплють тяжким сном;
Неспокій стигне платівки кругами.

Щоб вістрям вивернуть волання ввись,
Розп'ятих ранків роздирати рани...
Пішли відлунням. Чи прийдуть колись? –
Так нехотя прощаюся з піснями.

Йду в літо влитись літерами літ,
Щоб червонасті червня викреслити дні,
А вже блакить над жнивом загоїть
Тужливу блідість, ув'ялену в пісні.

Вдалось вдивитись в даль календаря
Лиш болем блідости, що біг неволить.
Крізь лютість січня – просвіт вівтаря
Причастя, до якого вірність молить.

Терпкого трунку тернових тривог,
Вина невинности з невизбуття налий.
Розвидненням причастимося вдвох:
На це таїнство келих жде сумний.

And the stone organ begins once again:
   In the steppe a gravemound
      converses with the wind. ˙

˙ *Quote from a poem by Taras Shevchenko.*

• • •

I mourn for my unflowered April.
(May losses should be decked with greens),
But March has overstayed its time:
It won't move on, nor can be left behind.

Thus I have become my own cross,
Grey chords weep tears of sadness,
Drip into a well of bygones, like heavy sleep:
Restlessness hardens in recorded cycles.

So that barbs turn pleas inside out,
Rip open wounds of crucified mornings . . .
They're gone in echoes. Will they ever return?
Unwillingly I bid farewell to songs.

I enter summer, pour years into letters,
Cross out the crimson days of June,
And let blue skies of harvest heal
Sorrowful pallor, withered in a song.

Managed to stare into the distance on a calendar
Only with paltry pain, its course constrained.
Through January's fierceness—a glimmer of an altar
Communion, that's implored through faith.

A bitter drink of thorny fears,
Pour wine of innocence from non-extinction,
The two of us will share enlightenment:
A sorrowful cup awaits this sacrament.

* * *

Так беззвучно відійшов День від нас.
Назавжди.
Скінчився.
Тополя свічкою у небо
сахала тіні-з'явиська,
блукало ланом чиєсь голосіння,
під цвинтарем осиротілий ранок хникав.
Час змістився,
а навколо нікого.
Лиш мокра ворона надтріснутим голосом
нарекла долю,
та ще хтось досвітком
заганяє цвях у дошку.

* * *

Доганяючи практичність,
грюкнули двері за доброзичливістю —
десь там в байдужости
на них чекав цинізм.

* * *

Минулого року теж казав:
«Ой як швидко промайнуло літо —
не встиг оглянутись, вже й осінь».

* * *

Рум'яні сунички
в коротких спідничках
І їх так багато... —
Сонце, бджоли, свято.

...

Without a sound Day left us.
Forever.
Finished.
A poplar taper cast shadow apparitions
in the sky,
someone's lament meandered through the field,
an orphaned morning whimpered near the cemetery.
Time shifted,
but no one was around.
Only a wet crow's crackly voice
begrudged fate,
and before dawn someone pounded
a nail into a wooden board.

...

Catching up with practicality,
the doors slammed behind good will—
somewhere in indifference
cynicism awaited them.

...

Last year I also said:
"Summer passed by so quickly—
I barely glanced around and it was autumn."

...

Blushing berries
in short skirts
And there are so many . . .
Sunshine, bees, a holiday.

Як же ж я огляну
радости поляну
Як?! –
глухий навколо березняк
...І їх так багато.

...

Подарувало зайчика нам сонце,
а він сполоханий сахався між плотами,
поки затюканий пожовклим криком
зів'ялістю зомлів над лопухами.

...

Де дістану вуалі
на твоє діямантове весілля,
місячним сяйвом писаної,
що манить звабою,
млоїть лукавим присмерком?
Де?
Як хочеш – візьми писану торбу.
Чим багаті...

...

Замазала шибку густа пітьма,
по кутках причаїлась гулка порожнеча,
із зіжмаканої середини
розростався колошматий снодав.

...

Зауважив,
що мимоволі,

How can I gaze
at this meadow of joy?
How?!
surrounded by impenetrable birches
. . . And there are so many.

• • •

The sun gave us a bunny ray,
frightened, it scurried between fences,
until scorned by sallow shouts
it wilted and collapsed on burdocks.

• • •

Where will I get a veil
for your diamond wedding,
embroidered with moonlight
that allures seductively,
torments with a deceitful twilight
Where?
If you wish—fetch an embroidered sack.
Whatever we have . . .

• • •

Dense darkness smeared the window pane,
a hollow emptiness lurked in the corners,
out of the disheveled interior
an immense nightmare unfolded.

• • •

I noticed
that instinctively,

якось підсвідомо,
з тих ночей
вичавлюю кров
на тоненьку плівку
чистого срібла,
чорну, як дьоготь,
кров ночей.
І хто б міг подумати,
що на хрусткому склі життя
це стане дзеркалом дня.

•••

Лиш шерхіт жужелиці слів
чи грів когось,
чи попелив. —
Жив!
Щоб залишив
перегорілу жужелицю слів
на пам'ять збудженим рокам,
розкидану то тут, то там —
жужіль.

•••

Скільки-бо можна ходити ходором,
хоч би один летячий день.

•••

Дорікав:
Дай вимріяти повінь,
хай затопить тугу,
хай замулить чорну гризоту.
Нащо ставиш греблі? —

and unconsciously,
I squeeze blood
            out of those nights
into a fine film
      of pure silver,
                  black as tar,
                  night blood.
And who would have thought,
that on life's brittle glass
      this would become the day's mirror.

                        • • •

Just a rustle of smoldering words
            did it warm someone
                  or scorch—
                  It lived!
      Only to leave behind
            burnt cinders of words
in memory of inflamed years,
      strewn here, and there—
                  cinders.

                        • • •

How much can one walk rigorously,
Oh, but for a day of flying.

                        • • •

I complained:
            Let me imagine a flood,
                  to drown out anguish,
            to muddle black woes.
                  Why put up dams?—

що той жовтий пісочок? —
Зіпре злістю — прорве,
        знесе хистку кладку,
        до дідькової мами!
Й розмріявся:
        Е, коб' хтось горою став
        впертою,
                крутою,
                        зеленою,
        Мо', й приніс би голуб пальмову гілку.

                                •••

Скелі виблискують,
        мов хвилі ствердлого океану
(так за жорстокість прокляв їх вразливий дельфін).
Бо колись океан
        хвилями пересипав у жменях бурштин,
милуючись стужавілим болем сосен.
        Нікому втопити човен місяця
                в бурунах хмар.
        щоб не бачити заклять.

                                •••

Барвінкові що —
        він стелиться низенько.

                                •••

Невже
        присліпкуватий ворон
                виклює воронові око?

what good is that yellow sand?—
Anger will wash it out—break through,
                carry away the feeble footbridge
            to the devil's mother!
I daydreamed:
        Eh, if only one could be a mountain
                stubborn,
                    steep,
                        green.
        Maybe a dove would bring a palm branch.

                        • • •

Mountains shimmer
        like waves of a hardened ocean,
(cursed for cruelty by an offended dolphin).
Because ocean waves
        once sifted amber by handfuls,
relishing the petrified pain of pines.
        No one around to sink the moon's boat
                in breaker clouds,
                and hide the curses.

                        • • •

Periwinkle is just fine—
        it spreads low.

                        • • •

Could it be
        that a blinded raven
                pecks out another raven's eye?

...

Ниць
    у рівчаку виплужкованої бараболі
        міражного достатку,
    що біля хати скраю —
        сховатись,
          втиснутись тісніше в землю.
    Витягнутись.
        Не запримітили б.

...

Прогризаючи утробу,
    добувається кріт з-під землі
        до смертоносного сонця.

...

Не оглядайся!!
    Молоду Гоморру судомить
        (стара хвороба).
    Чим зарадити?
Не оглядайся!
    Ворожка прошамкала:
        «Циклічність!»
    і навіть не хотіла віск зілляти.
        Певно, — дні її пораховані.
Не оглядайся!
    ...Кози лижуть соляний стовп.

...

Скрекочуть на парканах сороки,
    а гостей не буде...

. . .

Prone
   in a ditch of furrowed potatoes,
      a mirage of abundance,
    near the edge of the house—
     oh, to hide
       press hard into the earth.
    Stretch out.
        And go unnoticed.

. . .

Gnawing through the bowels,
     the mole makes its way from beneath the earth
       to a death-carrying sun.

. . .

Don't turn around!!
   Young Gomorrah convulses
       (an ancient malady)
  How to help?
Don't turn around!
    The sorceress mumbled:
      "A Cycle!"
  and didn't even want to pour out wax,
      Surely—her days were numbered.
Don't turn around!
   . . . Goats lick a pillar of salt.

. . .

Crows screeched on the fence,
   but there will be no guests . . .

Є паркани,
      скрекіт
         і невідоме.

• • •

Дешевий вальс
      клякнув надвечір'ю на груди
      двома худими коліньми
і втиснув порожній спомин
            юначого замилування,
      зав'язаного у вицвілу хустку.

• • •

Переступаючи силувано
через власну кантуватість,
розчахнув свою крихку єдність —
      мусив пестити...
   А як це робиться?
На місці розчахненої роздвоєности
            усмішкою біліла рана.

• • •

Не рdriven!
   Ханжі!
Не торкайте її, облиште!
   Лицедії з напускними мінами...
      Ой, горенько —
            бідна музика.
      Бачите:
            сльоза!

There are fences,
        screeching,
                and the unknown.

                        • • •

A cheap waltz
        settled on the chest at dusk
        with two thin knees
and pressed in a hollow memory
        of young love
        wrapped in a flowery head scarf.

                        • • •

Deliberately stepping over
his own contours
he sliced open his frail wholeness—
                needed to stroke it . . .
        And how is that done?
At the site of his split divide
        the smile of a white wound.

                        • • •

Don't touch!
        Hypocrites!
Don't touch her, leave her!
        Imposters with fake grimaces . . .
        Oh, woe—
                poor music.
        You see:
                a tear!

• • •

Лазить примарою страхопуд між людьми
    і роздає страх великими куснями
        (Благодійник!)
А ті беруть
    (ніби ще мало наїлися його)
    Жебрацтво.

• • •

— . . . .
— «полотна, полотна...»
    Чинувату˙ натуру най вибілить сонце
    коло потічка нашого.
    Перетканий чужими вітрами,
        як писатиму полотна?!
Зв'язати в оберемок задаром протоптані стежки,
    на гостинець пропащій силі.

˙ *Чинувате полотно — саморобне грубе полотно, з якого виготовляли верети, мішки і т. ін.*

• • •

Втік від Мелодії в безсюжетність
    (на чім звихнений?),
    Від гнучкого стану,
        від вроди,
            тихого всепрощенства,
    бо бач — «все це в неї дарунки
                сьогодення»
        (ревність)
Втік у первинне.
    А там тільки пульс серця,
    що в порожнечі гулом шириться
    в пульс дня і ночі,

• • •

A phantom specter creeps among people
      distributing large chunks of fear
          (Grand benefactor!)
And they take it,
      (as if they haven't had enough).
          Beggars.

• • •

. . . .
—"grey canvases, grey canvases˙ . . ."
Let the sun bleach their greyness
    by our brook.
      Entwined with foreign winds
          how can I write on grey canvases?!
By tying forlorn trampled paths into bundles,
      a gift for lost strength.

˙ *Thick handmade utilitarian fabric for making clothes, sacks, etc.*

• • •

I escaped from Melody into the formless
         (how did I go astray?)
    From an agile state,
      from beauty,
        quiet forgiveness,
because you see—"all these are her gifts
          today"
      (jealousy)
I escaped into the primal.
    There is only the heart's pulse there,
    rumbling, spreading in the void
      into a pulse of day and night,

в пульс сонця,
                    року, віку...
Гола ритмічність — кругами,
                            кругами,
голову, як обручами, тисне.

•••

Не переношу
        скреготу
                металу.

•••

Чого вартий ввесь цей балаган
супроти тихої молитви
на батьковій могилі.

•••

Залетіла на мить,
        залишивши посвист крил,
    як розчерк волі.
Збудила трепетну потребу жити,
але так ненадовго —
        після нічної блискавки ще темніше.

•••

Де ж вони,
        три лемківські щедрівки?
Загаялись під чужою хатою?
— Дайте вареник! — ждуть...
    А я так довго беріг для них
                    ліськові горіхи.

a pulse of the sun,
                a year, an age . . .
Naked rhythms—circling,
                circling,
squeezing the head like coils.

· · ·

I cannot stand
    the grinding
        of metal.

· · ·

What is all this farce worth
compared to a quiet prayer
on father's grave.

· · ·

She flew in for a moment
        leaving a rush of wings,
    an imprint of freedom.
She awakened a quivering desire to live
but not for long—
    after a lightning flash the night is darker.

· · ·

Where are they,
    those three Lemko carols?·
Detained in a stranger's house?
—Give us a dumpling!—they wait . . .
And I had stored hazelnuts for them
            for such a long time.

· *Epiphany carols sung in Lemko region.*

Захарчала спудженість,
дибки стала від паперового шерхоту,
аж реготала.

. . .

Ходили жалі по жебрах,
один одного частували випрошеним.
Ті соромливо відмовлялись,
ввічливістю обмінювались.
Потішали один одного.
Свитку латану пропонували,
щоб зігрітись.
І зовсім не шкода – щиро.
Отак і ходили жалі від села до села,
тихенько ведучи між собою розмову поважну.
Тихенько.

. . .

Чому заборонено літеру «Ґ»? *
Мені ж заборонено грати**
прокурорським –
«За ґрати!»

* За радянських часів літеру «Ґ» було вилучено з українського алфавіту.
** М. Горбаль до арешту був учителем музики.

. . .

Втримати закритим вітер,
норов вихорів.
Не пустити в світ стихію

70

⋅ ⋅ ⋅

Intimidation snarled
    stood on edge from paper rattling
       and roared with laughter.

⋅ ⋅ ⋅

Sorrows went begging,
    treating each other with alms.
Embarrassed, some refused them,
    traded kindnesses.
    Cheered each other up.
Offered a patched coat,
        for warming.
Sincerely—without regrets.
   And so sorrows wandered from village to village,
quietly carrying on serious conversations.
           Quietly.

⋅ ⋅ ⋅

Why is the letter "ґ"˙ forbidden?
I am forbidden to "грати"
    sentenced
      to "ґрати." ˙

˙ *Play on words with letters "ґ" and "г"; грати (play music); ґрати (prison bars): Soviets had eliminated the letter "ґ" from the Ukrainian alphabet.*

⋅ ⋅ ⋅

Hold back the wind,
    a source of hurricanes.
Do not allow the force of words gone wild

здичавілих слів.
Прохолоду ночі випить
   в крапельках роси
І вогонь пекучий в грудях
   нею погасить.
Чого тобі, спокусо?!

...

Культура життя,
   а не споживання культури.
Радість від проявлення,
   а не споглядання.
Процес, а не репродукція процесу.
   Божий світ,
     а не дурман.

...

Із незмінного плану на кожний день:
   1) вирвати колючості;
   2) змазати єлеєм уста;
     (інакше не позбутися нудотного
     стану.
     Безперестану коробитиме
то від того, що не промовчав,
то від байдужости).

...

Видерті із Біблії аркуші
   акуратно загорнуто
у свіжу советську «Правду».

into the world.
Drink the coolness of night
    from dew drops
And squelch the scorching
    fire within.
What's it to you, temptation!?

• • •

Culture is life
    not the depletion of culture.
Joy comes from enlightenment
    not scrutiny.
From process, not a reproduction of it.
    It is God's world,
        not the fool's.

• • •

From the unchanging daily schedule:
  1) rip out the barbs
  2) anoint lips with holy oil
(or you won't be rid of
  the nausea.
        It will repulse nonstop
        either because you weren't silent
        or from indifference).

• • •

Pages torn out of a Bible
    were meticulously wrapped
in a fresh Soviet *Pravda.*[*]

[*] *Soviet daily newspaper entitled "Truth."*

•••

Відьмам ні краплі трояндної олії!

•••

– ... Ламає кості на зміну погоди
– На ясні зорі (слухи насторожились,
            роблять великі очі),
        на тихі води.

•••

Гладущики малечею
            повипивалися на тин.
Чого не бачили, щербаті?
Казочкам повірили?
Брехня! – Гарбуз не ходить по городу
    і не питає свого роду –
        лежить лежма,
                гниє!
Поки не зчавкає свиня його.
. . . .
Он соняшник полисів від гризоти –
                    горобці.

•••

Той, що постійно запитував:
«Де я був, коли мене ще не було?»
сьогодні зранку пішов туди
де він був, коли його ще не було –
набридло щоденно вислуховувати кпини:
«Ну, ти ходив туди де ти був коли тебе ще не було?»

74

...

Not a drop of rose oil for the witches!

...

... Bones ache before the weather changes
For bright stars (rumors on alert
                 their eyes widening),
                 and quiet waters.

...

  Jugs like toddlers
              strung on the fence.
Chipped, why didn't they see?
      They believed fairy tales?
Lies!—The pumpkin doesn't stroll through the garden
        and doesn't ask about his family˙—
                 he lies sprawled,
                               rotting!
Until the pig chews him up.
. . . .
Over there a sunflower turned bald from worry—
                 birds.

˙ *Refrain from a children's song.*

...

The one who always asked:
"Where was I when I wasn't yet?"
This morning he went there
where he was, when he wasn't yet—
got tired of listening to daily nagging:
"Well, did you go there where you were when you weren't yet?"

● ● ●

Півень першим побачив,
   як задиміла ріка туманом –
     залопотів крильми,
       вискочив на паркан,
    загорлопанив на всю округу.
Білі струмені задзвонили
          в дійницю.
А як на сході все небо охопило
          червоне зарево –
   сусід рубав яблуню.

● ● ●

– Правда, любий, ми ще встигнемо?
– Ті в крисанях уже розпродали червоне сонце.
– Чому не пахнуть фіялки?
– Бо в квітникарки сині очі.
– Чому зів'яли?
– З туги.
– Купи мені щось без хитринок.
– Хіба не хтіла якнайкраще?

● ● ●

Наступив явір вишні на вельон –
         нехотячи,
а соловейко не розібрався –
          зразу кричить.
Сама ж бо винна: бігає, носиться,
        радости міх.
Молодий місяць зумів заладить –
        звести на сміх.

• • •

The rooster was the first to see
   the river smoldering in mist—
      he flapped his wings,
         leaped on the fence,
   and crowed for all to hear.
White streams still rang in the milk pail today.
   And when in the east the entire sky was engulfed
                by a red glow—
     the neighbor axed an apple tree.

• • •

—Will we still get there on time, my love?
—Those in *Hutzul** hats already sold out the red sun.
—Why don't violets emit a scent?
—Because the flower-girl has blue eyes.
—Why have they withered?
—From longing.
—And this disturbs you, my dear?
—Buy me something without tricks.
—Did you not want what is most beautiful?

* *Carpathian mountaineer.*

• • •

The sycamore stepped on the cherry tree's veil—
                   unintentionally,
startled, the nightingale starts shouting,
                  immediately.
It's her own fault: she runs about, carrying
           a sackful of joy.
The new moon settled everything—
         reduced it all to laughter.

• • •

В той час,
    як дощ м'якими пасмами прядива лягав на призьбу,
а беріжок сукав з них мотузок струмочка,
з-за вазонів у відчинене вікно
блакитними стрічками тягнулась мелодія з-під смичка
    на вінки завчасно зів'ялій усмішці.

• • •

... – Коли?
– «Коли, коли»! А звідки мені знати – коли?
Тільки-но вчора роздав кольори квітам,
    та й то плачу було...
Фіялки взяли свій – фіялковий,
    а айстри (страшна захланність!) –
якби могли, то все би розібрали.
Півонія зблідла – конче рожевого.
    А ружам синє буду давати, чи що?!
    Та що говорити – всім не догодиш!

• • •

Кулькова ручка
    важка, мов лом:
не можу нею відколупати ні однієї
    приємної згадки.
    Треба пришити на бушлат нову бірку* –
    попередили.

Бірка – матерчата табличка на грудях кожного в'язня з прізвищем та номером загону.

• • •

At the time
  when softly spun strands of rain settled on the bank,
and the shore wove them into a braided stream,
    into wreaths for a smile that died too soon.
from behind planters in an open window
blue streamers of a melody trailed from a bow
    into wreaths for a smile that died too soon.

• • •

. . . When?
"When, when?" And how should I know—when?
Just yesterday I distributed colors to the flowers,
    and there were so many tears . . .
Violets took theirs—violet,
    and the asters (such greed)
would have taken all if they could.
The peony paled—insisted on pink.
    And what should I give the roses —blue, or what?
    What is there to say —you can't please everyone!

• • •

The ball point pen is heavy,
        like a pick ax:
I cannot chisel out a single
                pleasant memory with it.
    I need to sew a new *birka** on my coat—
                they warned me.

_____
* *Cloth label with the prisoner's name and number.*

· · ·

Десь за горою лускають громи,
А через дві години відімкнуть нари˙ –
        можна буде прилягти.

˙ *Карцерні нари підняті вертикально до стіни і замкнені спеціяльним замком. Наглядач опускає цю дошку тільки на ніч, на 8 годин сну.*

· · ·

Ще один день закінчився
        перехрещенням в календарі.
Хрестики, хрестики – на кожен відбутий день.
Тільки чому так багато відгороджено
        на це кладовище
                днів
                        і ночей?

· · ·

На диво спокійно ставився сьогодні до:
        «Руки за спину!»,
        «Не поворачиваться!»,
        «Выходи!»,
        «Раздеться для обыска!»˙

˙ *«Руки за спину!», «Не повертатися!», «Виходь!», «Роздягнутися для обшуку!» (рос.).*

· · ·

Згадалось,
        як сп'янів від жасмину.
Так ні – ще трохи хмільного зорепаду
(на закуску лиш прянощі з бузку та черемшини).

80

Somewhere beyond the mountain thunderbolts crash.
In two hours they will open the plank beds—
      then one can lie down.

* *Plank beds locked vertically against the walls; opened by guards only at night for eight hours of sleep.*

• • •

Another day has ended,
      crossed off the calendar.
Crosses, crosses—for every day done.
But why are there so many enclosing
      this graveyard
          of days
             and nights?

• • •

I was surprisingly calm today about:
      "Hands behind your back!"
    "Don't turn around!"
        "Step forward!"
      "Move apart for a search!"*

* *All commands in Russian.*

• • •

I remember
      when I was heady from jasmine.
But no—from an intoxicating star shower
(and I snacked on pungent lilacs and choke cherries).

Ще й поласував конвалією –
                розморило.
Тільки пам'ятаю, як білолиці яблуні
              увивалися навколо,
     і більше нічого.
Кажуть, ніби пісня запровадила мене
                додому.
    Не міг заснути –
            падав і падав у безвість.
    Ранком не впізнав себе...
      Світ зжовк,
          посмурнів...
     Похмелився відчайдушшям...
       І от... –
       «Строїться на развод!»˙

˙ *«Развод» – тут: вивід в'язнів на роботу.*

. . .

Напишіть,
     чи розцвіла цього року
           дуплиста липа
     і чи є ще у нас під стріхою ластівки.

. . .

...почервоніла диким маком
і полохливо приховати стиглість хоче.
Під колосками вій збентежені волошки,
    то чом же серце в небо жайвором тріпоче?
              Літо.

Plus I savored lilies-of-the-valley—
and swooned.
I only remember how white apple blossoms
twirled all around,
and nothing else.
They say that perhaps song took me
home.
Couldn't fall asleep—
kept falling, falling into oblivion.
Didn't recognize myself in the morning . . .
The world turned sallow,
disheartened . . .
I was intoxicated by recklessness . . .
and now . . .
"Get ready for work line up!"

• • •

Write me,
has the hollow linden tree bloomed again
this year
and are there still swallows under our eaves?

• • •

. . . she flushes like a wild poppy
and timidly wants to hide her ripeness.
Under their wispy lashes cornflowers are embarrassed,
so why does the heart flutter like a lark in the sky?
Summer.

* * *

Що хрущі намалюють на темно-синьому надвечір'ї
нотні лінії,
то лилики˙ поквапно витруть ганчірками крил.
І так до смерку.
Ой, не пустощі, ні! –
Ластівки завтра знову мусять
розсідатися тріольками на дроти.
А що зробиш? –
Видно, така їхня мелодія злету.

˙ *Лилики – кажани (діал.).*

* * *

Щось тут не так,
Тут явний перебір:
Ще й не засвоїв України,
А вже освоювать Сибір.

* * *

...а як наповню подушку хмарками
з тополиного весілля,
та витрушу зі снів страховиська,
викину в кут свою нарваність
і дістану з лади˙ батькову статечність –
тоді я прийду до тебе, моя княгине,
і впаду до ніг твоїх,
і попрошуся бути твоїм придворним поетом,
хоч навряд чи зможу прочитати бодай одного сонета,
коли збиватиме з строфи нічна фіялка.
Бо так же ж місячно.

˙ *Лада (з лемківського діалекту) – скриня.*

84

. . .

Whenever beetles draw note lines
                on a dark evening sky
bats quickly erase them with ragged wings.
              And so it goes till dusk.
      Oh, these are not pranks, no!
Tomorrow swallows must again
          align themselves in triads on the wires.
              What can be done?
  Apparently, such is their melody for flight.

. . .

Something is amiss here,
There's an obvious excess:
I'm not accustomed to Ukraine yet,
And now must become used to Siberia.

. . .

. . . and when I fill my pillow with clouds
                from a poplar's wedding,
I will shake out the monsters from dreams,
        cast my ill-temper into a corner,
and fetch my father's stateliness from the coffer—
    then I will come to you, my queen,
          and throw myself at your feet,
        and ask to be your court poet,
though I doubt that I will read you a single sonnet,
      if the night violet interrupts the verses.
                Because there is such moonlight.

...

Літає літо легко, ластівками,
Обнявши обіруч обжинком обрій;
Духмянець босоніж біжить стежками,
Захмелюючи всіх у настрій добрий.

З солодких слів сплітався сон солодкий,
Лишив на личку лагідність ледь зриму.
Закрався цей погляд лиш на мить коротку
І бурю слів спонукує у риму.

«Лисніє липовий липневий липець,
Липучий і лискучий в білім збанку» –
Знов випросив в Антонича цих китиць,
Для тебе, люба, з добрим ранком.

Діждалося вже жнива збіжечко життя,
І серпень перестиг, стомивши сили –
Не ниву перейти і в забуття,
Коли ім'ям тяжким тебе хрестили.

Тужавіє живиця, жолудь жовкне,
Журливість жовтня жебонить джерельцем
І журавлиний жаль збентежено не мовкне –
Курличе ностальгію в чиєсь серце.

Листопад стелить скатерть дивосвіту.
Чиїхось чар чекаєм з-поза ранків
Хтось з вересня нарвав на грудень квітів,
А місяць не несе нам білих збанків.

• • •

Translator's Note: This lyrical poem is composed entirely of alliterated lines, emulating Bohdan Ihor Antonych, the author's literary predecessor. I attempted only to convey the images, keenly aware of the limitations in translation.

Summer flies lightly like a swallow,
Embraces the horizon with a harvest fest;
A fragrant wind runs barefoot along trails
Intoxicating all along its way with zest.

Sweet words pleated into sweet dreams
Left a light touch on cheeks for a short time
An image that appears but for a moment
And leaves behind a storm of rhyme.

The linden loses leafage in July
In its white jug sticky sap glistens—
Again I managed to glean nosegays from Antonych
To bring for you, my love, with morning wishes.

The grains of life have reached their ripeness
August has cooled, its strength has waned—
No need to cross a field into oblivion
Even when given such a heavy name.

Sap thickens, acorns turn to gold
October's sadness babbles like a font
The crane's sorrowful cry unsilenced
Fills with nostalgia someone's heart.

November spreads mantles of wonder.
We await magic from new days
Someone gathered September flowers for December
But the moon doesn't bring white pails.

...

І був день перший
       із спорожнілим серцем від невагомости
    перед безоднею тьми,
    що захланно ковтала саму себе.
З'їжився викручений на лаві.
    Коли почалися важкі роди переродження,
       відділялося світло від тьми.
                  Був день перший.

...

Бамкало десяту,
    коли облізлі щурі
       перебігали захаращене подвір'я
          обласного суду.

...

Призабутий білий запах акації
       роздирали навпіл
неприємно знайомі парфуми слідчого.
              А в воронку˙ тхнуло сірою псиною.

˙ *Воронок – спеціяльний автомобіль для перевезення арештантів.*

...

Чи можна дорікнути,
       що ревную тебе до хмар?!
    Я не взяв ні однієї нотки
       із твого щасливого небесного сміху.

. . .

It was day one
   when an empty, barren heart
  faced an abyss of darkness
  that greedily swallowed itself.
Twisted on the bench, I bristled.
    When the difficult birth of transformation began
       light separated from darkness.
      It was day one.

. . .

Ten o'clock tolled
   when hairless rats
  ran across the slovenly yard
    of the district court.

. . .

The forgotten white scent of acacia
   was ripped apart
by the putrid familiar odor of the interrogator.
    And the paddy wagon reeked of grey dog flesh.

. . .

Can I be blamed
   for comparing you to clouds?
I didn't pluck a single note
   from your happy heavenly laughter.

. . .

* * *

Посідали круки на колію, –
    під кожною шпалою кінчалась чиясь дорога, –
        (що крок, то крик)
    По плитах надгробних
сьогодні знов котиться потяг без вікон.
    Білий розхристаний птах
        йойкотом сполошив небо –
            Етап!*

* *Етап – тут транспортування, пересилка в'язнів.*

* * *

Калини б китичку від кашлю
    та жменю рум'янку
        від шлункового болю.

* * *

...прірва!!!
    Куди?
...тільки через стрімкість скелі.
Страх висоти впав кригою у груди
й поповз мурашками по спині.

* * *

Виднілося,
    але ніхто не хотів бачити.
        День начепив маски на людей –
почалося хтозна-коли зачате лицедійство.

Ravens perched on the railroad—
someone's journey ended under every cross tie—
                    (each step, a scream)
    Across the gravestones
the windowless train rolls again today.
        A white disheveled bird
            frightened heaven with its cries.
                                    Etap!

* *Convoy; also holding place for transported convicts.*

. . .

Oh, for a few sprigs of *kalyna* for cough,
        and a handful of chamomile
                for stomach ache.

* *Guelder-rose berries.*

. . .

. . . a precipice!!!
    Where to now?
. . . only across the steep mountain.
    Fear of heights presses on my lungs like ice,
    and crawls up my spine like ants.

. . .

It was obvious,
        but no one wanted to see.
    The day pinned masks on people—
            who knows when the hypocrisy began.

...

Запорошений,
     пом'ятий,
          зморений,
стояв витязь на роздоріжжі,
     вперши спис у камінь списаний:
          «Раби в тенетах страху
               не мають вибору».

...

Роки присипають порохом забуття
     путані сліди дідових керпців,*
          що зійшов з дороги поган.

* *Керпці (діалектне з лемківського) — саморобне шкіряне взуття, постоли.*

...

Коли вбив знахабнілого наглядача,
     палаючим кущем явився йому Бог:
          — Виведи їх з принизливої неволі!
А дорогою вчорашні раби
     хіба знову не почали молитися золотому теляті?
          Мамона і воля однаково звабливі.

...

Кілометр мовчання,
     два кілометри мовчання,
          три кілометри мовчання
по колу,
     окружністю в одну годину.

· · ·

Dusty,
    crumpled,
        worn out,
the victor stood on the crossroads,
    and leaned his spear on an inscribed stone:
        "Slaves snared by fear
            do not have choices."

· · ·

Dust from years of forgetfulness
    cover muddled footprints of grandfather's moccasins
        that veered off pagan paths.

· · ·

When he slayed the arrogant watchman
    God appeared to him as a burning bush:
    —Lead them out of deprecating slavery!
But along the way didn't yesterday's slaves
    start praying again to a golden calf?
    Mammon and freedom are equally seductive.

· · ·

One kilometer of silence,
    two kilometers of silence,
        three kilometers of silence.
    a cycle,
        full circle in one hour.

...

Коли противник б'є тебе –
　　ти ще борець.
Але чи не загрожує тобі катастрофою,
　　коли до тебе вимученого
　　　　недруг починає придобрюватись?!

...

Був обшук вранці,
　　був обшук вдень
і «личный обыск»˙ увечері –
　　　　шукали пісень.
˙ *Особистий обшук (рос.).*

...

Дуднить!
　　Б'є в літаври скронь
　　глашатай пропащої ночі,
　　виходить вікнами розбитого сну
І, обв'язавши голову мерзлякуватою мжичкою,
　　　　йде геть
　　у свою зсутулену самотність.

...

Силуюсь гортати книжку з метеликових крилець
　　в натузі затримати хоч одну літеру,
　　　　що розпливаються сірими плямами
　　　　　　між бавовняних палітурок,
і капають із чорних ширм
　　　　ґлейким воском
　　　　　　у присмерк закулісся,

94

...

When your opponent strikes you—
      you are still a fighter.
But doesn't catastrophe threaten
      when you're exhausted
        and your foe begins to feign kindness?

...

There was a search in the morning,
      there was a search during the day
and a "personal frisk" in the evening—
        they were searching for songs.

...

Pounding!
    My head hammered by timpani,
        the herald of a lost night,
      escapes through windows of a broken dream.
And wrapping my head with an icy mist
    exits
    into his stooped solitude.

...

I force myself to scan a book of butterfly wings
    struggle to keep at least one of the letters
      that dissolve into grey spots
        between cloth covers
and drip like sticky wax from black screens
    into a twilight of scrims

через який ніяк не виставлю руку, щоб гукнути:
Ось я! Я тут!

. . .

Гора повільно зсувається:
      або розчавить,
або зіпхне в баговиння.
...ноги вросли в землю.
Не ворухнуся.

. . .

Мов їдка мряка,
      насувався вкрадливий шепіт
голосувати проти себе.
На щастя –
            сон не проявлений:
засвічено раптовим пробудженням.

. . .

Сполудня
      збиратиму на грядках думок
            дрібненькі пацьорки надій –
                  квапить падолист. –
Туга низатиме їх
            на тоненьке павутиння
                  бабиного літа.

. . .

Впізнай мене
      серед суєти двох мільярдів пропащих
            і мільярду шукаючих.
                  Знайди мене!

through which I cannot thrust my hand and shout:
It is me! I am here!

• • •

Slowly the mountain slides down.
   and will either crush me,
            or push me into the muck.
   . . . my feet are rooted in earth.
   I will not budge.

• • •

Like caustic fog
   a cunning whisper emerges
to vote against myself.
Fortunately—
         the dream doesn't materialize:
illuminated by a sudden awakening.

• • •

In the afternoon
   I will gather tiny beads of hope
         from the furrows of my thoughts—
                     autumn approaches—
Longing will string them into thin webs
               of Indian summer.

• • •

Recognize me
   in the tumult of two billion doomed
      and a billion searchers.
               Find me!

Це ж мамин голос прорік,
що сам скульптор палив вогонь
        під картавим пам'ятником.
Але ж процесія несе довжелезні труни,
        набиті паперами...
    То як я перейду дорогу?!

•••

Нотні лінії
    зчерствіли
        у бетонні балки.
        Довбнею заганяв їх у землю.
Тепер вони
    пазурями заржавлених арматур
        тягнуться у тремкий ранок
    до мого горла.

•••

    ...Ну, гаразд!
Припустимо, я лиш часточка,
        якийсь мікрон.
            Припустимо.
Але чого конче мушу іти до мінуса,
        Чого?!

•••

Чорний сніг
    припорошував білий день.
Плебей
    штабелями складав прокльони

• • •

Mother's voice predicted
that the sculptor himself burned a fire
        under the debased monument.
But the procession is carrying elongated coffins
                stuffed with papers . . .
      So how will I cross the road?!

• • •

Note lines
    hardened
      into cement beams.
        I sledge-hammered them into the ground.
Now
    with claws of rusted armatures
      they drag a tremulous morning
  into my throat.

• • •

    . . . Well, all right!
Let us assume that I'm just a particle,
      merely a micron.
                Let us assume.
But why must I become a minus?!
          Why?!

• • •

Black snow
    dusted the white day.
The plebe
    piled stacks of curses

на чорний день.
Різані,
    рубані.

...

Буцім хочуть повеселитися разом
    два затуркані мовчуни.
Не чув, не знаю!
Звіздини* серпа і молота вже відбулися.

Звіздини – нововведення совєтської обрядовости, що мало замінити обряд хрестини.

...

Що було б, якби зустрівся з собою? –
Відштовхнулися б, як однойменний заряд,
чи блискавкою спалахнули б?

...

Насправді, він шматував себе.
    А спробуй ти
        з суцільної
            шорсткої
                злости
сплести калачик із солодких слів.
А він,
    гнуздавши норов –
            плів.
    Так мучити себе
            сам Бог велів?

on the black day.
    Sawed,
        cleaved.

          • • •

Two stupefied reticents
        want to amuse themselves.
  Didn't hear, don't know!
Zvizdyny• of the hammer and sickle has already taken place.

• *Soviet "Rite of the Star" replacing Christening.*

          • • •

What would happen if we met?—
Would we push apart like identical charges,
or burn up in a flash of lightning?

          • • •

He really tore himself to pieces.
  So you try
to braid bread of sweet words
      in utter
        scathing
         anger.
But he restrained himself—
        and prattled on.
  Did God Himself demand
    such self-torture?

...

Дзвін за померлим –
                задума,
                    жаль,
                        порожнеча.
        І все зрозуміло.
    А там гулке мовчання,
            біль і туга –
        тільки для мене помер мій друг,
                тільки для мене
                        відійшов.
            Незрозуміло...

                                ...

Мусить настати день,
коли скажу:
«Ця страшна ніч минулася!»

                                ...

Здається, не було б так сумно,
якби можна докопатися
        до сховища тих мудрих слів,
                що дають рівновагу.

                                ...

    ...поступ.
    Горбилася гусениця,
                    корчилася,
пересуваючи себе
            по об'їденому нею стовбурі
                    у висохле завтра.
    Вона ще буде метеликом.

102

· · ·

A bell for the dead—
          reflection,
               sorrow,
                    emptiness.
     And all is understood.
Over there, a sonorous silence,
               pain and grief—
     only for me is my friend dead,
               only for me
                    he is gone.
     So incomprehensibly.

· · ·

The day must dawn
 for me to say:
"This dreadful night has passed."

· · ·

It seems it wouldn't be so sad
if one could reach
     the hiding place of those wise words
               that provide balance.

· · ·

. . . progress.
     The caterpillar hunched
                    and shrank
making its way
     along the stump it had eaten away
                    into a parched tomorrow.
     It will yet be a butterfly.

•••

Травинко, ти теж сумна...
   Одного разу я був щасливим,
а ти – ніколи, безнадійна надіє!
   Вчора оплакували мама мої дороги,
     а ти навіть не знаєш своєї мами.

•••

Засумнівались,
чи я – це справді я?
Ніби я знаю.

•••

Метелик сів на оббіловану тушу
       здохлого телятка.

•••

Вже скоро вся осінь скапає
   зі стріхи ПеКаТе,*
об ту заржавлену бляху.
Й нема кому її ногою пхнути.
      ...кап, кап, кап, кап...

* *ПКТ – «приміщення камерного типу», табірна тюрма.*

•••

Як минеться пропасниця,
буду вночі допитувати себе,
поки не діб'юся зізнання.

104

• • •

Grass blade, you are sad too . . .
    I was happy once,
but you—never, hopeless hope!
    Yesterday my mother wept over my journeys,
        but you don't even know your mother.

• • •

They doubted,
was it me—really me?
As if I knew.

• • •

A butterfly landed on the whitewashed carcass
                      of a dead calf.

• • •

Soon all of autumn will drip
    off the roof of the *PKT,*
   onto the rusted tin.
And there is no one to kick it.
          . . . drip, drip, drip, drip . . .

* *Camp prison building.*

• • •

When this fever passes,
I will interrogate myself at night,
until I get a confession.

* * *

Коли ще й не заказується на світ,
а пітьма ще цупко тримається руками за свій розгул,
        щонічно,
            без запізнень,
                в одну і ту ж мерзлякувату пору,
хляпнувши кілька раз вологими плахтами крил,
            паде мені на груди
                і якось стомлено,
                    без особливого апетиту
                    цілу годину клює печінку...

* * *

Зникають горизонти синіх рвінь,
    Маліє полум'я на вогнищі бунтарства
І чигає із нетрів колошмата тінь
    За сутністю змарнілого митарства.

З розбухлої уяви вилізти б скоріш,
Але виходив знов на край землі і неба
Й кінчини мить поквапно пхав в короткий вірш,
В якому наговорював на себе.

* * *

Бризнув холодним потом на
                купу гарячої глини.
    Бо це — «тіло твоє»!
Аж скрикнув на межі сну і яви.
    І біг брівкою любови і ненависти,
        божевілля і просвітління,
            падіння і злету,
                життя і смерти.

. . .

When it isn't even close to dawn
and darkness fiercely holds on to its debauchery,
    every night,
        without delay,
            at the same miserable hour,
flapping its damp splayed wings several times
            it settles on my chest
            and wearily,
                without any special appetite
                it pecks my liver for an entire hour.

. . .

Horizons of blue hopes disappear,
    Flames in the fire of rebellion die down
And from the thickets a disheveled shadow
        Searches for substance in exhausting torments.

I would have crawled out of my agitated imagination sooner
But again I came to the edge of heaven and earth
And hurriedly pushed the moment's extremities into a short poem
In which I slandered myself.

. . .

Cold sweat splattered
            on a pile of hot clay.
    Because—"this is your body,"
I screamed at the edge of dream and reality,
        and ran along the ledge of love and hate,
            insanity and insight,
                falling and flying,
                    life and death.

Межами тонкими, як лезо,
      втікав
          від себе…

              · · ·

Шкребти,
   Шкребти
до блиску воскової свічки,
     заяложену конаючими,
           дошку нар;
робити з неї заново
          tabula rasa;
краще пізно...
   Якщо вкрасти сікач у м'ясника,
    що торгує серцями на вагу,
то можна буде ним викарбувати
    знаки надії,
що переплелися вензлем
        з колючого дроту.

              · · ·

Протліла дірка у порожній пітьмі –
       це ж вогники!!
Враз полум'яні язики збудили заспану мету
        за три віки.
В блаженний «отвір» вилетіти прагнуть
          метелики.

              · · ·

...в самотині
   карбував собі науку старого скита,
   котрий не вкладав коштовного каміння в корону,

Along margins thin as blades
              I ran
                    from myself . . .

                              • • •

Scrape,
        scrape,
by the light of a wax candle,
    on a plank board
              stained by the dying:
to turn it once mory
              into a *tabula rasa:*
better late . . .
      If I steal a cleaver from the butcher
    who peddles hearts by the pound,
then I can carve out
        signs of hope
intertwined with knots
        of barbed wire.

                              • • •

  A hole rotted through the empty darkness—
                        these are sparks!!
Suddenly, inflamed tongues aroused a sleeping goal
                        after three centuries.
Butterflies yearn to fly out though this blessed "opening."

                              • • •

. . . in solitude
I carved myself the teaching of an ancient Scythian
who didn't place precious stones in the crown

що мала величчю тиснути на буйні голови царів,
    а викарбував себе,
свою науку стриножити золотих коней,
    доїти овець із золотим руном,
    викарбував своє світовидо
    на одній-єдиній пекторалі,
    котру повісив на мужні груди
    праведному володареві
    для самоспоглядання нащадкам,
    бо хто відав, що зморені діти
бавитимуться нею в здогадки.

    І лиш одніське тендітне дівчатко,
    що було колись горлицею,
скувалося ланцом тієї пекторалі
        разом із безталанням в'язня,
    щоб ніжити залізні ґрати,
        поки безмовні свідки
виходять із Товстої Могили.

                    ...

 Пробудження приходить з брязкотом ключів,
не дозволяючи з розвидненнями стрічі.
    Чотири стіни у душі моїй,
залізний засув на моїм обличчі.

                    ...

Невже ви, потвори, думаєте,
        що з обрубаними крильми
        зникає потреба летіти?!

that would squeeze unruly heads of kings in grandeur,
    but had carved himself
his teachings on how to yoke golden horses,
   milk sheep with golden runes,
    carved his world view
    on one sole pectoral,
      which he fasted on the gallant chest
      of his rightful ruler,
      for self-discovery by descendants,
        because who could know that weary children
would play with it bewildered.

        And only one timid girl,
        who was once a dove,
     shackled herself with the pectoral's chain
          together with a prisoner's misfortune
      in order to caress iron bars,
        until silent witness
    come out of Tovsta Mohyla.*

* *Scythian burial mound, site of gold pectoral and other artifacts.*

• • •

  Awakening comes with the clanging of keys,
that forbid a meeting with dawn.
  Four walls in my soul,
    An iron bolt on my face.

• • •

Surely you monsters don't think
     that with lopped off wings
    the need to fly vanishes?!

• • •

Причепилась і плентається невідступно
            ревнива старосвітська чеснота,
      а мені немає часу на неї:
            (в полоні)
всі помисли про шльондру сьогодення.
      Як спроможуся
            бодай на хвильку
      привернути її увагу на себе,
            то з великою насолодою
            плюну їй у лице.

• • •

«Разводить животных и растения
не положено!»˙

˙ *Розводити тварин і рослин не дозволяється! (рос.). Витяг із правил поведінки, виві-
шений у бараках.*

• • •

У зоні квітів і птахів
синя пташка мовчить до квітки, —
тут образливо про красу говорити,
тут про красу треба гордо мовчати.
      Тут,
            у зоні великого мовчання.

• • •

І тоді теж
            з торбиною,
      на стерню
            за колосками.

· · ·

She latches on and loiters nonstop
            that jealous old world virtue,
    but I don't have time for her:
            (am imprisoned)
all thoughts are about today's whore.
        When I am able
            even for a minute
        to turn her attention to me,
            then with great satisfaction
    I will spit in her face.

· · ·

"Breeding of animals and plants
        is forbidden!"·

· In Russian, quote from manual on conduct in barracks

· · ·

In the zone of flowers and birds
the bluebird doesn't speak to the flower,—
here it is an offense to speak about beauty,
here one must be proudly silent about beauty,
    Here,
            in the zone of immense silence.

· · ·

Once again
    with a sack,
into the stubble field
    for grain stalks.

113

· · ·

Шеренги стрижених голів˙
    відцвілої кульбаби
   позагінно
     і побригадно.

Шеренги.
   Кожному видано по бірці
     зі своїм іменем
і по пласі на свою голову.
Кожному видано:
     ім'я,
    стрижену голову
      і плаху.

˙ *Натяк, що всі в'язні совєтських таборів – стрижені наголо.*

· · ·

Парадоксально!
   Невже ця п'ятирічка˙ не матиме девізу?
   Всі мали,
     а ця – не має.

Зате є план
    і є норма.
І я щоденно стою біля верстата,
і біля мене щоденно стоїть наглядач,
і я на його честь
    щоденно виточую
   сто штук парадоксів.

˙ *Натяк автора на свій другий п'ятирічний термін ув'язнення.*

• • •

Rows of shaven heads*
          withered dandelions
     in squadrons
          and in brigades.
Rows.
     Each one is issued a tag
               with his name
     and a wooden beam for his head.
     Each one is issued:
                    a name
               a shaven head
                    and a wooden beam.**

* *All prisoners are shaven bald.*
** *Execution block.*

• • •

Paradoxical!
     Could it be this five-year term* will have no slogan?
          All others had one,
                    but this one—does not.

Instead there is a plan
          and there is a norm.
And every day I stand by the workstation,
and every day a watchman stands at my side,
and in his honor
               every day I grind out
          one hundred paradoxes.

* *Reference to author's second five-year prison term.*

* * *

Із зеківської їдальні
      у чорний хід
преться музика напролом
у хмари ос і мух,
      що несуть медову дань
            суботнику
із двох смердючих бочок
                  з помиями.

* * *

Півроку тому
            ще сяк-так,
а ото місяців зо два
      ні крихти теплої фарби
на ще одну закоцюблу осінь.

Позлітка призяблих беріз
      губиться в безперспективі
            пермського періоду.*
Можна б викручуватися солодкими спогадами,
            та й їх катма.

* Натяк про ув'язнення в Пермських таборах.

* * *

Тягаря не додалося,
      але він важчав.

Не було сповіді,
      не було причастя,
не було поля.

. . .

From the prison dining hall
    in a black march
music rushes through
into clouds of wasps and flies
    that carry a honeyed tribute
            for the *subbotnik*˙
from two putrid barrels
           of slop.

˙ *Garbage cleaning crew.*

. . .

    Half a year ago
        it was still so-so,
but about two months ago
    not a drop of warm paint
for yet another dreary autumn.

    Gold leaf on shivering birches
        is lost in this dismal
           Perm period.˙
One could get by on sweet memories
    but there are none of those either.

˙ *Reference to incarceration in the Perm prison camp.*

. . .

The load was not increased
    but it got heavier.

There was no confession,
    there was no communion,
there was no field.

На рапавих стінах
          сороміцькі слова,
вироки,
    перестороги,
заповіти,
      імена мучеників
    і злодіїв,
заклинання
        і віра.

    Тут
мурувався
      мій маленький монастир
з великим молитовним садом,
        алеями і водограями,
статуями богів і тиранів
          і одним незвичним деревом,
          що росте корінням догори
            у чотирьох похабно списаних стінах.

                              • • •

А над Летячим˙ летять лелеки,
      бо вже падають там грушки,
      ростуть підпеньки,
горить на городі картопляне бадилля,
          і перед хатою мама
          сіють із запаски
                      на зиму
                          смуток.

˙ *Летяче − село на Тернопільщині, в якому пройшли дитячі роки М. Горбаля.*

On the rough walls
        profanities,
    verdicts,
            threats,
    testaments,
            names of martyrs
        and thieves,
curses
    and faith.

    Here
my little monastery
    was being constructed
with a large prayer yard,
        walkways and fountains,
statues of gods and tyrants
        and one unusual tree
its roots growing upward
        in four obscenely defiled walls.

                                    • • •

Storks are flying over *Letiache*, •
        because pears are dropping to the ground there,
        stump mushrooms are growing
potato stalks are burning in the garden
            and in front of the house,
        from her apron, mother
            is sowing sadness
                    for the winter.

• *Author's childhood village in Ternopil region.*

• • •

А як шмонали,˙
завітала маленька, зловтішна радість:
    нічого не знайшли,
бо вже не пишу віршів.
    (А це ж не вірші.)
       Отака радість.

˙ *«Шмон» – обшук.*

• • •

На розгрузлих схилах сходження
    коні уяви понапинали спини луками.
      Боженьку, не надірвались би!

• • •

Потріскана стеля полущилася візерунками...
Дві монашки біля перевернутого авта,
    а он – горбун з величезним носом...
О, як він мені набрид, –
    тільки розплющ очі,
і зразу ж він –
         горбун.

• • •

Сусідова роздратованість
    затинкована виживанням.

* * *

And when they searched
    a trace of malevolent joy emerged:
        they found nothing
    because I don't write poems any more.
        (For these are not poems.)
          Such is joy.

* * *

On steep ascending slopes
horses of imagination strained their spines like bows.
    Dear Lord, don't let them tear!

* * *

The cracked ceiling peeled in patterns . . .
Two nuns by an overturned car,
    and over there—a hunchback with a huge nose . . .
    Oh, how he disgusts me,—
        as soon as I open my eyes
      he's right there—
             that hunchback.

* * *

The neighbor's irritability
    is plastered over by endurance.

...

Вокзал:
    купи клунків,
    купи людей,
купи доль,
огорнутих єдиним
      духом комуни,
       що разом з випарами босих ніг,
      в ораторії гамору,
         храпу,
           зойку
     величавим сопухом
     піднімався під склепіння,
розмальоване в кукурудзяний достаток,
     виноградні грона,
     в снопи і яблука,
в танцюючу радість багатонаціонального люду,
    опоясаного орнаментом з тракторів,
           мов метеликів.

...

Як величаво,
що в сонця не буває ночей,
і як страшно.

...

Обережно!
Обережно!
Зараз
    тут
      із дум
народжуватимуться слова.
    Обережно!

. . .

A station:
   heaps of bundles,
   heaps of people
heaps of fates,
bound solely
    by the spirit of the commune
  that together with vapors from bare feet,
      in an oratorio of grunts,
           please
             and screams
    in a grandiose stench
   rise to the vaulted ceiling
painted garishly with corn harvests
     grape vines
       wheat sheaves and apples
in a joyous dance of multinational hordes,
    girded with ornaments from tractors
            like butterflies.

. . .

How grand it is
    that the sun has no nights,
        and how frightening.

. . .

Careful!
   Careful!
    Soon
      thoughts
      here
will give birth to words.
   Careful!

* * *

Здається,
    як падатимуть зорі,
        милуватимусь зорепадом.
. . . .
Вже й стемніло,
    а в мені ніяк день не дотліє
пекучою жариною
        сорому.

* * *

Знову заливався сміхом,
    аж той сміх кульгавий
навприсядки пішов
    по чужім неспокою.
    Ще й тост виголосив:
«Дай Боже сміятися,
        'би не плакати!»

* * *

Драбина,
    вперта в безодню серця,
а ноги підкошуються:
    двісті сорок понеділків
і над головою ще три
    та безмір неба.

* * *

Тіні спішать із заходу,
    худі і довгі,
        і падають з ніг,

• • •

It seems,
    that when stars fall
        I will savor meteor showers.
. . . .
Darkness has fallen,
    but within me the day will not die out
        with hot cinders
           of shame.

• • •

Again I roared with laughter
    until that lame laugh
crouched over
    someone else's anxiety.
        And I even raised a toast:
    "Lord, let us laugh,
        so we don't cry!"

• • •

A ladder,
    leans against the heart's abyss,
but the legs buckle:
    two hundred forty Mondays
and overhead three more
    and an endless sky.

• • •

Shadows rush from the west
    long and thin
        and collapse,

а ще година до сну.
Тіні біжать,
а багряного обрію й через двадцять років не обминути,
не пропхатися в щілину між скель сумління,
через сльозу
скривдженого каліки.
ВІН БРАТ МІЙ!
Бий мене, червоне небо,
бий мене
за байдужість!
Бо ще година до сну,
бий мене!

* * *

Скільки ж то,
як спочила убозі скрипка?...
Чи прийде Вівальді
пом'янути
на сороковий день
після семи років...
. . . .
а час біжить...

* * *

Нема притулків на землі –
Земля ж злеліяна жаданнями любити,
Та благородний порив рве тендітну сіть,
Яку й не збути вже, і ні нову купити.

    but there is still an hour before sleep.
Shadows race on,
but there is no way to escape from the crimson horizon, even in
twenty years,
    nor squeeze through a crack in the crags of conscience.
        for the tears
            of a wronged cripple.
                        HE IS MY BROTHER!
Flog me, red sky,
        Flog me,
                for indifference!
    For there is still an hour before sleep.
            Flog me!

                                        • • •

How long has it been
            since the violin died?. . .
Will Vivaldi come
                    to commemorate
            the fortieth day*
                after seven years . . .
. . . .
how time rushes by . . .

* *Traditional memorial service forty days after death.*

                                        • • •

There is no refuge in the world—
The world is nurtured by desire for love,
But a noble impulse tears this fragile web
Which cannot be sold, nor bought anew.

···

Секунданти
    розбили корито
об голову лікаря,
    що мав засвідчити смерть.

···

І раптом,
    замурований у страх,
став чоловіком.
    Раптом
      внутрішнє світло
        зрефлексувало
    в більмо ҐУЛАҐу.·

· *Натяк на повість Михайла Осадчого «Більмо», що написана ним у Мордовському концтаборі.*

···

Покарано на вічну молодість
    (пасмо сивини – насмішка)
Стоколом
    дріт.
    Всередині
      дід,
    без старості.

···

Ти залишив нам видиво свого самогубства,
і де мені з ним зараз дітися?!

. . .

The sekundanty[*]
      smashed the trough
against the head of the doctor
    who was to testify the death.

[*] *"Seconds" in a duel who ensure the fight is honorable.*

. . .

And suddenly,
    frozen in fear
he became a man.
    Suddenly
      an inner light
     reflected
the GULAG[*] cataract.

[*] *Reference to Mykhailo Osadchyj novel Cataract written in the Mordovian concentration camp.*

. . .

Punished with eternal youth
    (grey streaks—a mockery).
Encircled
  by barbed wire.
 In the center
    an old man
  who hasn't aged.

. . .

You left us the image of your suicide
    And what should I do with it now?!

* * *

Конвоїри
    сиділи
        кружечком
по той бік паркану
    і пили чай
      з одного горнятка
        по два ковтки.*

* *Натяк, що конвоїри перейняли цю звичку від в'язнів — пити чай по колу з одного горнятка, по два ковтки.*

* * *

Коли з розпороти вен
    зажебоніла кров
в зачерствілий бетон
    катерининської тюрми,
чорти на Холодній Горі
    закалатали в калатала
      осанну сатані,
що обрядово бряжчав ключами
    перед трапезною Івана Грозного.

* * *

Варварів було не так уже й багато
(але не так уже й мало)
і кожен зі своїм талісманом.

· · ·

Prison guards
          sat
               in a circle
across the fence
          and drank tea
     from one cup
               two gulps each.*

* *Implies guards picked up this habit from prisoners.*

· · ·

When blood flowed
          from ripped-open veins
onto the hardened cement
     of Catherine's prison
demons on *Kholodna Hora**
          shook their rattles
               a hosanna to satan,
who had ceremoniously clanged keys
     in front of Ivan Grozny's** stateroom.

* *Prison in Kharkiv built by Tsar Paul I.*
** *Ivan the Terrible.*

· · ·

There weren't so many barbarians any more
          (neither were there so few)
and each one with his own talisman.

* * *

Від потрясінь
  гори розрівнюються, як борошно,
а панічно-розгублений Каїн викарабкується.
  Плахта вогню м'яко підгинає під себе ліс,
   а він, Каїн, вилазить!
  Він все-таки виживе!
   Бодай для того,
    щоб остаточно доконати
   своїх довершеніших братів,
    усіх,
     до одного.

* * *

Олені трубили всеношну,
сивий праліс стояв на колінах,
розчесаний золотим гребенем Ярила,
і над ним витав дух супокою.

* * *

Ні гу-гу,
  глухо.
Ще з опівночі
  почали заселятися павуки
   у вулик.

* * *

Я
і ще один
  знаємо,

...

Mountains are leveled like flour
      from quakes
and panic-stricken Cain scrambles up.
    A mantle of fire softly enfolds the forest,
      but he, Cain, escapes!
    He will survive after all!
      If only so that
    he can ultimately finish off
  his more accomplished brothers
      each
        and every one.

...

Stags trumpeted vespers,
an ancient primeval forest was on its knees,
raked by Yarylo's· golden comb,
and the spirit of peace hovered overhead.

· *Slavic pre-Christian vernal sun god.*

...

Not a murmur,
      silence.
At midnight
   spiders began to colonize
      the beehive.

...

Me
  and one other
    know

що в ямці
    біля забороненої зони
живе маленька зелена жабка.
    Скоро у ту яму
        закопають стовп
            для розп'яття духу.

                        . . .

Його схопили за голову
    і вичавили на блюдце
        три чорних слова.

Він бачив сам,
    як розпливались по денці
        каламутним смородом
            три чорних слова.

І усвідомив,
    що він – змій.
Зі столу вже зсунувся
    і поплазував.

                        . . .

Метелики були скляні,
    вони прилетіли з чужої казки,
але луг був теж не мій,
    то мені було абсолютно однаково.

                        . . .

Пісок гарячий.
А три царі пішки
босі.

that in the small hole
    near the forbidden zone
lives a little green frog.
    Soon they will bury a post
    in that hole
        for crucifying the spirit.

                • • •

They grabbed his head
    and wrenched out
        three black words onto a platter.

He saw
    how they spread on the bottom
        in a murky stench
            three black words.

And he realized
    that he was—a serpent.
He slid off the table then
    and slithered away.

                • • •

The butterflies were glass,
    they flew in from someone else's fairy tale,
but the meadow was not mine either,
    so it made absolutely no difference to me.

                • • •

The sand was hot.
And three kings walked
barefooted.

* * *

З уральського концтабору,
як і з мордовського,
видно сосновий бір.

* * *

Зарізана дорога
    пачка чаю
поквапні прощання
    дві пари шкарпеток
        чиясь цибулина
        пара білизни
трохи збентежености
сто п'ятдесят грам цукру
        і чернетки книг
найновішого заповіту.

* * *

Підходить до кінця остання чверть...
Будь-що мушу виправити деякі оцінки.
З поведінки — вже як буде...
«Житіє» також не буду перездавати.
Ще ж треба написати диктант...
Господи! Ну, продиктуй мені свої істини.

* * *

треба б написати
    кілька слів
        з великої літери,
але не знайшлося
        ні однієї

•••

From the Ural concentration camp
as from the Mordovian one,
you can see a pine forest.

•••

A dead-end road
   a box of tea
hasty farewells
    two pairs of socks
      someone's onion
     pair of underwear
 some confusion
a hundred fifty grams of sugar
    and book drafts
of the newest testament.

•••

The last quarter is running to an end . . .
Still, I need to correct several evaluations.
Behavior . . . is what it is . . .
"Life" can't be revised either.
And I need to write some dictation . . .
Lord! Dictate me your truths.

•••

need to write
   a few words
    with capital letters,
but not a single
      capital letter,

великої літери,
тому
всі слова
з малої літери

• • •

Оголене лезо ятагана
не було ні хитрим,
ні зухвалим,
але від його величавої мовчазности
віяло холодком.

• • •

Світ крутиться зовсім у протилежному напрямку,
ніж патрон мого верстата.
Мені якось однаково,
але наглядач…
Цей інквізитор щось підозрює,
бо чого ж так втупився?
А світ все-таки крутиться!

• • •

Поміж листям
білими нитками настороженості
пролетіли дві крупинки снігу.

• • •

Як розпинали на частоколі
із сибірського кедру
мову мою,

could be found
and so
    all the words
        are in small letters

•••

The bare blade of the *yataghan*•
    was neither cunning
        nor brazen
but its splendid silence
    gusted coldness.

• *Curved Turkish sword.*

•••

The world turns in a completely opposite direction
    than the emery wheel at my workstation.
        Doesn't matter to me,
            but the watchman . . .
This inquisitor apparently suspects a violation
    because why does he stare so much?
        And yet the world continues to turn!

•••

Among the leaves
white threads of caution
two snowflakes flittered.

•••

When they were crucifying my language
    on the stockade
        made of Siberian cedar,

я з страху сховав своє єдине гостре слово.
  І вона так довго корчилась в муках,
      а міг помогти.
           Міг!
Тепер не маю страху перед каранням –
     це спокута моя.
О найвищий даре Господній!
О щаслива моя неволе!
О сльози моєї радости
         в долонях складених рук,
    будь свідком вдячности долі!
Ангеле мій доброчестивий,
    скріпи мою віру від сумніву:
      чи могуча єси, теперішня самотносте,
     спокутувати злочин мовчання,
     а чи гнітитиме й надалі,
       до кінця днів моїх
             гріх,
докором у зіницях палаючого неба?

                ...

Несли його почергово,
як ото носять маленьких хлопчиків на ґорґошах,
тільки цьому було за п'ятдесят,
і у нього не було обидвох ніг.

                ...

– Як поживаєте, ґражданін начальнік?
– Поживаю, поживаю, мать би його...
Іванушка Дурачок відрубав мені дві голови.
– Та що то є – ви ж маєте ще десять.
– «Десять, десять», та невідомо,
       що задумає завтра цей дурачок.

I hid my single sharp word in fear,
    She agonized in torment for so long,
        I could have helped her.
            I could have!
Now I have no fear of punishment—
        this is my penance.
O greatest gift from God!
O my fortunate enslavement!
O tears of my joy
        let my folded hands,
    be witness of my gratitude to fate!
My virtuous Angel,
    fortify my faith from doubt:
  is my solitude strong enough now
    to do penance for the crime of silence,
    or will the sin
    continue to oppress me
            to the end of my days
    with reproaches in the eyes of a fiery sky.

• • •

They took turns carrying him
the way they carry little boys on their backs
only this one was over fifty
and had both legs missing.

• • •

"How are you, citizen commandant?"
"Not bad, not bad, motherfucker
    Ivanushka Durachok lopped off two of my heads"
"That's nothing—you have ten more."
"Ten, ten," but I don't know
        what this fool will do tomorrow.

— Ой, не вигадуйте, «дурачок, дурачок».
Ви самі зацікавлені, щоб він був «дурачок»,
тим паче тепер, коли ви його завербували.
   Він же зараз ваш сексот,
      оцей Іванушка Дурачок.

                    • • •

З кутка в куток,
   з кутка в куток.
Одне й те саме,
   одне й те саме.
Можна б чокнутись,
   якби не потуга
витягнути з твані
неотесаний камінь поезії,
   щоб кинути серед дороги.
      На спотикання.

                    • • •

З-під грубих скелець
   здрібнілі жовтуваті очі
      цідили зневагу,
   що свердлила
      свердлом погорди.

Десь посередині свердло хруснуло навпіл
      і замполіт·
         метушливо
            почав приховувати
      під шинелею
         своє єдино
            переламане

Oh, stop this "the fool, the fool"
You have an interest in him being "the fool,"
especially now that you have enlisted him.
    He is currently your stoolie,
            this *Ivanushka Durachok.*

** *Ivan the Fool: character in Russian stories*

· · ·

From corner to corner,
    from corner to corner,
Back and forth,
    back and forth.
One could go mad
    if not for the strong will
to pry a rough rock of poetry
    out of the muck
 and throw it on the road.
        For stumbling.

· · ·

From under thick glasses
    small yellowish eyes
        oozed scorn does not lend itself to translation.
 that gouged with a drill of contempt.

About halfway, the drill cracked in half
        and under his greatcoat
            the *zampolit*
                agitated
        began to hide
            his perpetually
                broken

вороняче
крило.

* *Замполіт – заступник начальника колонії з політичної роботи.*

...

Святий Павло з в'язниці написав листи римлянам,
галетам, коринтянам та іншим.
Дід Віктор уже двадцять два роки нікому
не пише,

і, здається, йому ніхто.
Діду залишається ще дванадцять років мук,
то може комусь і напише,
а може, й ні.
В нього стараються вилучити Євангеліє
від Матвія, Марка, Луки, Івана –
не можуть:
знає напам'ять.
Злі на нього.
Чистить виходки.

...

Дзень-дзень
булані
гривасті
перескочили через павин хвіст
у першу заморозь
у срібний ліс
дзень-дзень

144

raven
      wing.

* *Political commissar.*

                              • • •

St. Paul wrote epistles to Romans,
        Galatians, Corinthians, and others.
        Old Victor has not written anyone
                        in twenty-two years.

And, it seems, no one writes to him.
        The old man still has twelve years left of suffering
                so maybe he will write someone yet
                maybe not.
        They try to take away his Gospels
                from Matthew, Mark, Luke, John—
                but cannot
        he has them memorized.
                They are furious at him.
                        He cleans latrines.

                              • • •

Ring-a-ling, ring-a-ling
        long-maned
                bay horses
jumped over the peacock's tail
        into the silver forest
                at first frost
                        ring-a-ling.

...

Мій любий братчику,
    мій славний маляре,
      я з собою несу
         показ твій
    всіма кольорами
        написаний,
      всіма кольорами.

...

Поклади тут п'ять гітарних септакордів
    «Затерпло все,
        не відчувалося нічого,
      лиш на потилиці
         дуло автомата»·
        і заглуши.

· *Цитата з розповіді Григорія Герчака, засудженого до розстрілу (замінено на 25 років каторги). Герчак грав на гітарі.*

...

Наша старенька хата
    до цього була польською стайнею.
Про це знали всі,
    але для нас вона була нашою хатою.
    Хтось її підпалив.

Ви знаєте, як гидко пахне згарище?
Тоді вперше почув,
як шалено співають над ранками в саду солов'ї.
. . . .
Якось знову згалабуздали солом'яний дах,

. . .

My beloved brother,
   my illustrious painter,
   I carry your image
      with me
  in every color,
      painted
   in every color.

. . .

Play five guitar septachords here
  "Everything was numb,
    didn't feel a thing,
  only the butt of a machine gun
    *on my nape"** *
    and drown it out.

* *Hryhory Hyrchak story quote; his execution sentence was changed to twenty-five years incarceration; he played the guitar.*

. . .

Our old house
  used to be a Polish stable.
Everyone knew that
    but for us it was our home.
  Someone set it on fire.

Do you know how horrible burnt ruins smell?
Then, for the first time, I heard
how madly nightingales sing at dawn.
. . . .
Somehow they threw together a straw roof,

але хата стала ще старішою.

    Бальок під стелею протлів і вигнувся.
Жартували, що колись він трісне,
       і стеля всіх нас тут розчавить.

• • •

В куті, за лазнею,
    як вдасться знайти хоч хвильку самоти,
можна послухати, як під акомпанемент
       дротяних струн огорожі
        ліс співає «Богородице Діво».

• • •

Ви гадаєте,
    що коли ми пересипали передню стіну,
       поставили більші вікна,
          перекрили дах
і коли наша хата
    стала нашою новою хатою,
       то вона ходить за мною?

Ні!
    За мною ходить наша старенька хата.
    І я кожної тюремної ночі
       ховаюся на її захаращеному горищі
          від злих людей
і боюся, щоб не провалилася протліла стеля.

• • •

Добре, що не було ментів• –
за лазнею вересень лопотів білими простирадлами,
понадував розвішані сорочки прозорою синявою.

but the house became even older.
    The beam under the ceiling rotted and sagged.
We joked that one day it would collapse
       and the ceiling would crush all of us.

• • •

In the corner, behind the bathhouse,
when you find a moment of solitude
you can hear how, accompanied
       by metal wires and fences,
       the forest sings "Hail Mary."

• • •

You think,
    that since we poured a new front wall
      put in larger windows,
         and recovered the roof
and since our house
   became our new house,
      that it follows me around?

No!
  It is our old house that follows me.
  And every prison night
  I hide in its cluttered attic
       from evil people
afraid that the moldy ceiling might collapse.

• • •

Good thing, that there were no guards—
when behind the bathhouse September fluttered white sheets
and inflated laundered shirts with transparent blueness.

Я теж набрав собі повну пазуху. —
Добре, що не було ментів.

* Менти — так в'язні називають наглядачів.

* * *

Зв'язав руки і ноги
    чужому крикові,
що затаєною тривогою
    вмостився
десь глибоко у його грудях
    і лиш інколи
сірого сльотавого ранку
    виривався здавлений
    і жахний
    і полохав птаха,
який нібито був на сторожі вогню.

Предковічне «Зловити!»
    притлумило крик.
А як звернуло далеко за північ,
    він,
розпластаний від сили земного тяжіння,
присмоктаний пуповиною до землі,
    затремтів,
    почувши помахи крил,
    і побачив,
    що це не птах,
а великий,
    вгодований,
        нічний
            мотиль.
Така собі гусінь з крильми
    завбільшки з вівцю.

I gathered up brimfulls—
Good thing, there were no guards.

• • •

Hand and foot
   he bound the strange scream
that settled
   with a hidden fear
somewhere deep inside his chest
   and only sometimes
  on a grey sleeting morning
   it broke out strangled
      and terrified
      and frightened the bird,
  that supposedly guarded the fire.

The primal "Capture!"
            stifled the scream.
And when it headed north and beyond,
     he,
pressed to the ground by the weight of the world,
and lashed to earth by an umbilical cord,
   trembled,
  and hearing the flutter of wings,
      he saw
   that it was not a bird,
  but a gigantic,
   engorged,
      night
         moth.
A larva with wings
   as big as a sheep.

...

Останній псалм на сьогоднішній день
відплив останнім рейсовим вітрильником,
що прибув із запізненням і відплив із запізненням.

Іконостас дубового листя
зачинено перед пастушками
сигналом вербової дудки.

Ягнятка лягли на шовк
вівсяної ярини
у підніжжях великих свічад.

. . .

The final psalm for today
left on the last dinghy
that arrived late and departed late.

The *iconostasis** of oak leaves
was closed before the shepherds
at a signal from a reed pipe.

Lambs lay on silk
straw oats
at the base of large candles.**

* *Church sanctuary partition with icons.*
** *Reference: Holy Sepulcher on Good Friday is decorated with flowers, grasses, candles.*

ДЕТАЛІ ПІЩАНОГО ГОДИННИКА·

Пізніші поезії з ув'язнення

· *Ця збірка у більшості, написана під час другого ув'язнення, яке автор відбував у кримінальному таборі, що знаходився в степовій частині України, в Миколаївській області.*

DETAILS OF AN HOURGLASS*

Later Poems from Imprisonment

---

* This collection, for the most part, was written during the author's second imprisonment in the criminal camp located in the Mykolayiv Oblast of the Ukrainian steppes.

Сів на покуті під образами.
           Опустив голову на стіл.
           І замовк у лузі щебет,
           і не гомонів вітер у деревах,
           і поблякли квіти на рушниках.

                    • • •

Серед дикого поля квадрат порожнечі
і немає у часі кінця огородженій пустелі

                    • • •

Калаталом у дзвоні
було серце.
Чи не тому ніхто не піднявся на сполох?!

                    • • •

Лиш недруги уважно прислухались,
як бриніли неспокоєм
натягнуті нерви.

                    • • •

Напхані байдужжям поїзди
по прокладеній рабами колії
бігли у безвість.

                    • • •

  Дзвякнула тятива.
  Стріляли отруєними.

I sat on a bench under the icons
    And dropped my head on the table.
    The warbling in the meadow grew silent,
    The wind stopped murmuring in the trees,
    And flowers on the embroideries paled.

• • •

In the middle of a wild field there is an empty square
and time is endless in this fenced-in desert.

• • •

The clapper in that bell
was my heart.
Perhaps that is why no one rose to the alarm?

• • •

Only foes listened attentively
    as taut nerves
        quivered in trepidation.

• • •

On tracks laid by slaves
trains crammed with indifference
raced into oblivion.

• • •

The bowstring twanged.
They were shooting poisoned ones.

...

заулюлюканий
      столипінами
           із Всесвятська
               через Томськ
                    Київ
              на Миколаїв
                зайцем
у край кораблів
             де гуляють чорні вітри
на галеру
          з бляшаними вітрилами

...

Летіли птахи з вогненними хвостами.
А за ними навздогін
розмальовані паперові змії.

...

У захід червоного сонця
              моторошним ревом
          поверталися з поля
голодні червоні корови,
             піднімаючи за собою
             хмари червоної куряви.

• • •

hooted
    by *stolypins**
    from Vsesviatska
        through Tomsk
            Kyiv
        to Mykolayiv
            like rabbits
into a land of ships
    where black winds howl
around a galley
        with tin sails

* *Reference to the early-twentieth century Stolypin agrarian reforms in the Russian empire.*

• • •

Birds flew with fiery tails.
Painted paper dragons
followed them in hot pursuit.

• • •

With a frightful roar
        into the setting red sun
hungry red cows
    returned from the field
raising
    swarms of red dust.

···

У полі трави цілющі,
    у полі птахи співучі,
десь там
        у полі мого марення.

···

По зеленому барвінку
    ніжним сподіванням
        пройшли фіялки
            в свіжість відродження.

···

Пригадую,
    при битому шляху три хрести було:
        один був синій
            далі був білий
                а потім чорний.
Як ішов хтось на чужину чи до війська,
то випроваджували його за село
                аж до синього хреста.
А білий хрест закопали там,
де чоловіка серед білого дня блуд вчепився
                на його власному полі.
А там де чорний хрест —
грім з ясного неба жінку вбив.

···

У торбі лиш сміх і плач.
Одне украли.
        Залишився лиш сміх.

· · ·

There are healing grasses in the field
    there are singing birds in the field
somewhere
      in the field of my imagination.

· · ·

With gentle anticipation
    violets strolled
      through green periwinkle
        into fresh rebirth.

· · ·

I remember
    there were three crosses on the beaten path:
    one was blue
      then a white
        and a black one.
When someone left for foreign lands or the army,
they escorted him beyond the village
      up to the blue cross.
They buried a white cross
where in daylight a man wandered off
        lost in his own field.
And where the black cross is—
a thunderbolt from the bright sky killed a woman.

· · ·

Just laughter and tears in the sack.
They stole one.
    Only laughter left.

* * *

Не гасіть, мамо, світла.
Нехай буде, як у тюрмі*,
Не так буде важко пробудитись
із цього сну.

У тюремній камері затягнута дротяною сіткою лампочка світиться цілодобово.

* * *

У товчії хаотичної маси,
у час сонячного затемнення,
проштовхуюсь здавати іспит.
Якого не знаю
і якого боюся.

* * *

. . . .
спека,
пустеля,
самотність
і сіль,
що була потом.

* * *

Метелики,
метелик, як сніг.

* * *

І в цьому колодязі вода отруєна.

• • •

Do not turn off the light, mother,
Let it be as in prison*
Then it won't be so hard to wake up
                from this dream.

* *Prison cell lamps covered with wire mesh stay on for twenty-four hours.*

• • •

In the crush of a chaotic mass
during the solar eclipse
I push through to take the test.
        Unknown
            and frightening.

• • •

        . . . .
sweltering heat,
        a desert,
                loneliness
and salt,
        that was sweat.

• • •

Butterflies,
        a butterfly, like snow

• • •

The water in this well is poisoned too.

• • •

Свій крик похоронив у піску.

• • •

Пізнання ні на крок
не відставало від сумнівів.

• • •

Годі й здогадатися,
        що ця задуха
    така блаженна
        ящіркам і зміям.

• • •

Добре, що прийшла думка
                заховати папери в засмолену бочку;
можна буде викинути за борт.

Який жах: галера серед сипучих пісків.
І коли це сталося?
Суховії торохтять
            бляшаними вітрилами.
Коли раптом усвідомлюєш,
що всі піщані пустелі колись були дном океану,
важко змиритись, що ти лиш піщинка
            в безмежжі часу.

• • •

Тричі обмотав линвою порепаний стовбур.
Якби діждатись бурелому

···

I interred my screams in the sand.

···

Understanding was not a step
removed from doubts.

···

It is hard to surmise
    that this oppressive heat
is such a blessing
    for lizards and snakes.

···

Good, that I got the idea
        to hide the papers in a tarred barrel:
it can be thrown overboard.

How ghastly: a galley amid shifting sands.
When did this happen?
Dry winds rattle
        the tin sails.
Suddenly you realize
that all deserts were once ocean bottoms,
hard to reconcile that you were once a sand grain
             in infinite time.

···

Thrice I wound rope around the splintered trunk.
If a windfall comes

можна було б викорчувати
перепону.

...

Еврика!
Ріка!
Не віриться, щоб отак текло
розплавлене залізо.
(навіть не мертва вода,
щось гірше).

...

Вітер і пісок
відшліфували
покручене кореневище.
Звідкіль воно тут взялося?
Ці звивини були чиїмось мисленням.
Мисленням без сумнівів.

...

Міраж.
За сто кроків до пшеничного
поля втрачаю свідомість.

...

А ріка плине собі,
і полощуться в ній білі рядна.
Позакасувані жінки
позаходили в річку
і праскають праниками
по білих ряднах.

it might uproot
        the obstacle.

• • •

Eureka!
      A river!
Unbelievable, that molten iron
        could flow like this.
  (not even stagnant water,
       but something worse).

• • •

Wind and sand
       polished
  the contorted root.
How did it get here?
The contortions were once someone's thoughts.
      Thoughts without a doubt.

• • •

A mirage.
A hundred steps from the wheat field
I lose consciousness.

• • •

    The river simply flows
  and rinses out white sheets.
Women with tucked skirts
    wade into the water
  and beat the white sheets
      with wash paddles.

Дивно так:
вже прапики підняті вверх,
   і лиш тоді доноситься звук удару.

• • •

Був десь вище.
   То як могли сподіватися
чогось прохолодного
   в такій лихоманці.

• • •

Догоряли свічки у фортецях і згасли.
      Опустілі за́мки споглядали на світ
   чорними ямами бійниць.
            На могилах розстріляної волі
      виросла кропива.
А через відчинені навстіж
            головні ворота
вийшла чума забуття
      і пішла манівцями.

• • •

Привидом пісні
      чиєсь скигління
            сохне тугою
над чужим широким річищем
   в чеканні свого завтра.
Був великий Вавилон,
   як акорд мідної труби
в Турчаковім оркестрі:
   тріюмфальний

Strange somehow:
the wash paddles are already raised
      when the splats are heard.

                    • • •

I was somewhere higher.
   So how could they expect
something to cool
   in such a fever.

                    • • •

The candles in the fortresses tapered
                  and burned out.
      Abandoned castles gazed at the world
      through black battlement holes.
                  On the graves of executed freedom
            nettles grew.
And through the gaping main gate
   the plague of forgetfulness walked out
            and wandered off aimlessly.

                    • • •

Like a phantom song
            someone's keening
                  withers with longing
over a vast foreign riverbed
      awaiting its tomorrow.
There was a grand Babylon
      like the chord on a brass horn
in Turchak's' orchestra
triumphant

і трохи-трохи недостроєний,
як для срихонських стін.

. . .

Незґрабний чорний жук
наполегливо продирався
        тернюхами перекотиполя,
як буреломом непередбачень.
Враження, що безцільно.

. . .

Такі терпкі корінці у цій пустелі.

. . .

...Сажнями тижнів
        відмірював простір
для косарки,
        що була комашкою
з життям в один день.

. . .

А-у-а!
Де тут брід,
щоб перейти сумлінню?!

and a bit out of tune
for Jericho's walls.

* *Corrupt Russian politician.*

• • •

The bungling black beetle
forcefully tore through
        thorns of tumbleweed
like an unexpected storm.
To no avail, it seems.

• • •

Such bitter roots in this wasteland.

• • •

. . . For weeks
        I measured space
for a reaper,
        that was an ant
alive for one day.

• • •

Ah-oh-ah!
    Where is the sandbar
    for crossing a conscience?!

•••

Бачу, як Марчукові корови˙
пасуться на розвалинах Жовтневого палацу.

˙ *Рефлексія на живопис художника Івана Марчука.*

•••

Було б наївно вважати,
          що серед п'ятисот тисяч
     ляглих кістьми
під будовою Хеопсової гробниці
     не було ні одного поета.

•••

Ніколи і нікому не казав,
що буде мстити.

•••

А жук таки ішов до себе.

•••

На рученятах дворічного хлопчика
татуювання метеликів.

•••

Нас також замкнено на цій планеті
і покарано жити.

• • •

I see how Marchuk's cows*
graze on the ruins of the October Palace.**

* *Reference to Ivan Marchuk's painting*
** *October Palace of Culture which formerly housed the KGB.*

• • •

It would be naïve to think
        that among five hundred thousand
    fallen bones
beneath Cheops' tomb*
    there was not a single poet.

* *Giza Pyramid.*

• • •

Never told anyone
that he would seek revenge.

• • •

And the beetle kept heading to himself.

• • •

On a two-year old boy's hands
butterfly tattoos.

• • •

We are also locked on this planet
and punished with life.

* * *

Спостерігати мурашок...
    Викраювати щоденно
бодай з півгодини,
    щоб учитися в них
світобудови.
        Поки літо.

* * *

Крізь крижину смутку відчувати,
яка неподолана відстань
між яблуневим і липовим цвітінням.

* * *

Через стіну відчуження
    внутрішнім зором
            дивитися,
як людиноподібні мавпи
вишколюють мавпоподібних людей
    до повного обезЯнення.

* * *

«Як там?» та «Як там?»
        Та ніяк!
За всі дні ходу ні однієї живої душі.
    Кілька скелетів тих,
        що надіялись знайти скарб,
скелет коня Александра Македонського,
    ще досить добрі підошви
        Сталінових чобіт,
    сухі кореневища, ящурі,
    змії та різний мотлох.

174

. . .

Observed ants . . .
    Furrowing daily
for at least half an hour
      to learn world-building from them.
         While summer lasts.

. . .

In a shard of sadness one feels
the insurmountable distance
between an apple and linden tree's flowering.

. . .

Through a wall of alienation
    you watch
        with an inner vision
how human-like apes
train ape-like humans
    for total apehood.

. . .

"How are things?" and "How are things?"
         No how!
After days of walking not a single living soul.
    Several skeletons of those
      who hoped to find a treasure,
the skeleton of Alexander of Macedonia's horse,
    some fairly good soles
      from Stalin's boots,
    dried roots, lizards,
    snakes and assorted rubbish.

...

Спекота.
Під пурпуровими парасолями
безпомічні у видноті дня
витрішкуваті сичі
роззявленими дзьобами
видихують спеку.

...

Глузування мало запалення.
Кажуть, що йому вже легше.

...

Дивіться! Дивіться!
Вогонь несуть!
З Олімпу!
Розпалювати пекло!*

* Подальші кілька поетичних рефлексій написані автором 1980 року, в час проведення у Москві Олімпійських ігор. Більшість країн демократичного світу бойкотувала ці ігри через воєнну аґресію Совєтського Союзу 1979 року в Афганістані. При підготовці до олімпіади політбюро ЦК КПСС дало розпорядження всіх неблагонадійних (дисидентів) ізолювати. Восени 1979 року було арештовано й Миколу Горбаля як сподвижника Української Гельсінської групи (поспішно, за сфабрикованою справою); з цього ж приводу політичний табір особого режиму переведено подалі від Москви – на Урал; політв'язнів з Володимирської тюрми переведено в м. Чистополь у Татарстан і т. ін. – «профілактичні засоби».

...

Сьогодні в другій половині дня
забіг на довгі дистанції
по стерні вкраденого у селян поля.

. . .

Sweltering.
    Under purple umbrellas
helpless in daylight
owls with bulging eyes
      and gaping beaks
exhale the heat.

. . .

Mockery became inflamed.
They say he's better now.

. . .

Look! Look!
    They are carrying fire!
From Olympus!
To ignite hell!•

* *The poetic reflections that follow were written by the author in 1980 during the Olympic Games in Moscow. Most democratic nations boycotted the games because of military aggression by the Soviet Union in Afghanistan in 1979. During preparations for the Olympics, the Politburo of the Soviet Communist Party gave orders for all undesirables (dissidents) to be isolated. In the fall of 1979 Mykola Horbal, a member of the Ukrainian Helsinki Group, was arrested (quickly, on trumped up charges). The special regime camp was then moved far from Moscow to the Urals, and political prisoners from Volodymyrska prison were transported to Chystooil in Tatarsktann—this, plus other prophylactic tactics.*

. . .

Today, late in the afternoon
he ran long distances
on stubble in a field stolen from the villagers.

...

Мурини й не здогадуються,
        що в тій матрьошці
сидить ще одна матрьошка.
(Ух ти, мать твою*...)

* *Російська лайка.*

...

        Прометея спалити!
    (щоб не мучився).

...

Марафонець
        мусив добігти,
            проголосити перемогу,
        впасти
                і померти,
    якби не збився з хибного шляху.

...

«Бонжур. Ах, как мнє нравітся*
Ваша Вєліколєпія!»

* *Деякі французькі спортсмени, попри відмову французького уряду брати участь в
олімпіаді, самовільно приїхали до Москви – виступали під прапором ООН.*

178

· · ·

Africans˙ don't even suspect
      that inside the *matryoshka*˙˙
sits another *matryoshka*
(Ah you . . . your mother. . .)˙˙˙

  ˙ *Referring to Soviet propaganda campaigns via aid and intervention in African nations.*
  ˙˙ *Russian wooden nesting doll.*
˙˙˙ *Russian expletive.*

· · ·

     Burn Prometheus!
(so he wouldn't suffer).

· · ·

The marathon runner
      had to run the course
         proclaim victory
           fall
            and die,
if he didn't veer off on the wrong track.

· · ·

"Bon Jour. Oh, how I admire
    Your Magnificence.!"˙

˙ *In Russian. Although the French government refused to take part in the 1980 Olympics, some French athletes came to Moscow on their own and participated under the UN flag.*

···

В зоні хронічної нетверезости
вже п'ятий місяць
грамофони випльовують під паркани «запрєток»
бадьорі
духаристі
мельодії.

···

На найвищому п'єдесталі – робітник
переміг на дистанції два по сто.

···

Купуйте махорку!
Кому махорки?!
Купуйте махорку!

···

Таку величезну отару овець,
що запрудила весь Хрещатик,
гонять усього два пастухи
на жертовне спалення.

···

Цілому світу відомий,
лиш самому собі «нєізвєстний солдат»
тримав у мертвій руці
вічний вогонь,

. . .

In the zone of chronic stupor
        for the fifth month now
under the fences of the *zapretka*˙ record players spit out
    lively,
        brassy
            melodies.

˙ *Forbidden line beyond which prisoners are shot.*

. . .

On the highest pedestal—the worker
won by a distance of two times a hundred.

. . .

Buy cheap tobacco!
Who needs cheap tobacco?!
Buy cheap tobacco!

. . .

Such a huge flock of sheep
that it obstructed all of *Khreschatyk*˙
is herded by only two shepherds
for sacrificial burning.

˙ *Central avenue in Kyiv.*

. . .

Known to the entire world
    except to himself "the unknown soldier" ˙
held an eternal flame

в який щоденно
           хтось із тринадцяти сторожів
(що до пенсійного віку були
              апостолами тьми)
      доливав нафти.

• • •

Горобці ставлять білі крапки
над «и»
в «сделаем больше и лучше»·

· *Лозунг у промисловій зоні концтабору.*

• • •

Кінчаться жнива,
      можна буде продати
половину безглуздя
      торішньому снігові.

• • •

Вчора відкрив, що цю траву
теж можна їсти.

• • •

Ведмедиця мала багатий виплодок
маленьких циркачів.

in his dead hand
to which each day
        one of thirteen guards
(who had been apostles of darkness
        until they reached retirement age)
added fuel.

• *In Russian.*

• • •

Birds put white dots
above "и"
in "сделаем больше и лудше"•

• *In Russian: "We will do more and better"—a slogan in the camp industrial zone.*

• • •

Harvests are ending,
  now half of the absurdity
can be sold
        to last year's snow.

• • •

Yesterday I discovered that this grass
can also be eaten.

• • •

The bear had a big brood
of little circus performers.

. . .

Повилась повитиця
                через пліт,
уколола квіточку
                білу, білу
об колючий дріт.

. . .

Ой, не міряй мою думу,
ой, не важ її.

. . .

З важкого літа
        через мапу долонь
капає у пісок надія.
Капельки, як дозрілий,
        прозорий ячмінь.

. . .

А що коли та рілля – не рілля,
а чорні птахи на білих парканах.

. . .

О Матінко Божа,
І Ти збираєш колоски
на стерні?!

. . .

A parasitic vine crept
        through the fence
   and pricked a flower
             white, so white
on the barbed wire.

. . .

Oh, don't measure my thought,
oh, don't weigh it.

. . .

From an oppressive summer
       hope drips onto sand
through the map on my palms.
Droplets like ripe transparent barley.

. . .

And what if that plowed field—is not a plowed field
but black birds on white fences?

. . .

O Mother of God,
You too gather wheat stalks
in stubble?!

＊＊＊

Висохлі галузки ліщини
      звисають тут
        ще від Зелених свят.

＊＊＊

Якби ти знала,
      як я ненавиджу
        це зашміране залізне чудовисько,
        з яким мене обвінчано вироком.

＊＊＊

На пляжі вже і яблуку ніде впасти
а Екклезіяст˙ усе-таки вмостився

˙ *Екклезіяст* – *Біблійний персонаж, проповідник, проповіді якого рясніють висловленнями: марнота усе!; немає нічого нового під сонцем; і мудрість – то ловлення вітру; і дурному, і мудрому – доля одна; розкоші і багатства – усе це марнота і т. ін.*

＊＊＊

Поки ластівки не відлетіли,
      придбай яблук для освячення
        та на віночок зілля назбирай.

＊＊＊

А ти будеш астероїдом,
      бо так тебе заклято.
        І мільярди років вештатимешся

• • •

Withered hazelnut branches
      still hang here
    since *Zeleni Sviata.*˙

˙ *Pentecost Sunday when houses are traditionally decorated with green branches.*

• • •

If only you knew
    how I hate
this greased iron monstrosity
to which I am betrothed by sentencing.

• • •

There wasn't even a spot for an apple to fall on the beach
    yet somehow an Ecclesiastic˙ nestled in.

˙ *Ecclesiast: A Biblical preacher who claims that everything is useless, that there's nothing new under the sun: wisdom is chasing the wind, fate is the same for dumb and wise, luxury and riches are all useless.*

• • •

Before the swallows fly away
    get apples for the blessing of fruit
        and gather herbs for a wreath.

• • •

You will be an asteroid
    because that is your curse.
        And for a million years you will roam

у холодній безконечності,
де завжди ніч.
І всі твої поривання підуть на те,
щоб упасти десь
                і згоріти,
та не буде кінця твоїм мандрівкам
бо так тобі суджено.

                        • • •

Щось грюкнуло
                серед ночі.
Коні зафоркали.
                (Упала кришка рояля)
Загула одна струна –
дві інших глухі –
                всього три клавіші.
А мух...так багато мух.

                        • • •

Нічого гострого не дозволено мати.
                І чи тому,
що плід заборонений – солодкий,
сховався від наглядача
                відточувати іронію,
щоб знешкодити грядущу напасть.

                        • • •

Велелюдний базар втопив у собі
Єву,
що торгує яблуками.

in that cold infinity
of eternal night.
And all your yearnings will merely
        fall somewhere
                    and burn
and there will be no end to your journeys
because such is your fate.

· · ·

Something crashed
                at night.
Horses snorted.
        (A piano lid fell)
a single string resounded—
two others were mute,—
            there were only three keys.
And flies . . . so many flies.

· · ·

Nothing sharp is allowed here.
        Is it because
forbidden fruit—is sweet,
that I hid from the watchman
        and honed irony
to deter the oncoming attack.

· · ·

A densely crowded bazaar swallowed
Eve
who barters apples.

Верба тягнулась у вись,
але щоб була кращою,
їй обрубали руки.

· · ·

Пісок і пісок
              ні кінця, ні краю.
А треба всього дві жмені
              для піщаного годинника,
бо час найліпший суддя.

· · ·

Знав – трава розмовляє
                        між собою,
але, що так страшно пищить
                        залізо,
Аж вуха в'януть.

· · ·

І все-таки
          по сухому дну
          пророчено перейти
це червоне море.

· · ·

Вже посаджений був на палю,
коли прибігли потішати.
І на зеленому вигоні танцювали
                        журавлі.

...

The willow reached for heights
but to make her more attractive
they lopped off her hands.

...

Sand and sand
        no end, no boundary.
But all you need is two handfuls
        for an hourglass
because time is the best judge.

...

I knew that grasses converse
                among themselves,
but iron screams
                so loudly.
The ears wilt

...

Nevertheless,
    it was predicted
  that this red sea would be crossed
 on a dry bottom.

...

He was already impaled
    when they came to cheer him up.
    And on green pastures
            cranes danced.

• • •

Неправда, що вічність має вимір.
Вслухайся в себе,
коли розчиняються останні вранішні
    зорі
        у неосяжну тривогу.

• • •

Терня колючками захищається,
            щоб його не рвали.
Його ж виривають,
        бо колюче.

• • •

Вже й зморенність порушує режим,
(нєт, так дальше нєльзя!)*
Три перші краплі дощу забраковано.

* *Російською мовою.*

• • •

І було в зоні одне дерево шовковиці,
        і від весни
            до пізньої осени
дозрівало на ньому по кілька ягідок
                щоденно.
Було...
    зрубали.

···

It isn't true that eternity has dimensions.
Listen to yourself
when the last stars at dawn
                    dissolve
            into desolate fear.

···

A thornbush is prickly
            so it won't be picked.
    It is picked
            because it is prickly.

···

Even weariness violates the regimen
(no, that is not allowed)
The first three raindrops were discarded.

* *Command in Russian.*

···

There was one mulberry tree in the zone
            and from spring
                    until late autumn
several berries ripened on it
                    every day.
There was . . .
they axed it.

...

Виміняв дві шпильки
за п'ятнадцять старих копійок.
Шпильки, правда, нікудишні
та й нащо вони здались,
але й ці гроші зараз не ходять.

...

Звідтіль, де немає синього неба,
Звідтіль, де немає вітру,
Звідтіль, де немає хмар,
Звідтіль, звідки страшно повертатись.

...

Тепер ця пустеля
буде цідитися
тоненькою цівочкою
через сонну артерію.
А коли упаде остання піщина,
пустелю перекинуть уверх дном.

...

Е-ей! Хто там має незв'язані руки?!

...

Не обминай дому мого
лише тому,
що там замуровано вікна,
і навхрест забито
дошками двері.

•••

I exchanged two pins
for fifteen old kopecks.
The pins are actually worthless
not good for anything,
but this money is useless as well.

•••

From where there is no blue sky,
From where there is no wind,
From where there are no clouds,
From there it is frightening to return.

•••

Now this desert
    will trickle
in a fine stream
through my carotid artery.
And when the last sand grain falls
they will invert the desert again.

•••

Hey! Who has untied hands there!

•••

Don't bypass my home
       only because
the windows are bricked over,
       and doors are nailed shut
       with a cross.

⋯

На те і пустеля, щоб пекло сонце,
На те і сонце, щоб бути пустелям.
Може, тому все це так,
що на дев'ядесят відсотків
складаємся з води?

⋯

Спочатку гадали,
    що вся печаль,
        хвилювання, пориви
згодом зберуться у Вселенній
        хмаркою
            блукаючої енерґії
(не можуть же вони пропасти безслідно),
що можна було простежити
в потужний телескоп,
як невеличку туманність
між Марсом і Венерою.
Тепер кажуть, що все це потребує
ще додаткових уточнень.

⋯

А терня таки вмудряється рости
у цій пустелі.

⋯

Он бачиш – гори зсуваються,
    бачиш – ріки висихають.
А хмари – як кров,
        як згусла кров.

• • •

The desert is there to be scorched by the sun,
The sun is there for a desert to exist.
Maybe everything is like this
because we are composed
of ninety percent water.

• • •

At first they thought
    that all suffering,
        anxiety, and impulses
would eventually coalesce in the Universe
        as a cloud
            of meandering energy
(they couldn't just vanish without a trace,
and could be observed
through a powerful telescope
like a dim haze
between Mars and Venus.
Now they say that all this needs
additional clarification.

• • •

And yet thorns are actually clever enough to grow
in this desert.

• • •

You can see—mountains slide down
    you see—rivers dry up.
And clouds—are like blood,
            like congealed blood.

. . .

...Бо лиш тому,
що вже ніколи не зможу покинути тебе,
мушу йти.

. . .

І сиділи громи
        за дубовим столом,
праворуч сиділи блискавиці,
ліворуч бурі,
        і була хвилина мовчання, –
                врочиста
                        і тривожна.

. . .

Мені здається, що ти молишся,
бо такі чисті у тебе очі.
Як святково зустріти людину,
        що вміє говорити
                зі своєю совістю.

. . .

Упала зірочка
у кришталеву чашу літньої ночі –
якійсь душі
        дозволено визбутись
                тягаря плоті своєї.
І пахло липовим цвітом.

. . . It is only because
I will never be able to leave you,
that I must go.

Thunderbolts sat
        around an oak table,
lightning was seated on the right,
storms on the left,
    and there was a moment of silence—
            solemn
                    and threatening.

I think that you are praying,
because your eyes are so clear.
How festive to meet someone
        who knows how to converse
            with his conscience.

A star fell
into the crystal goblet of a summer night—
some soul
        was allowed to release
    his burdensome flesh.
And the fragrance of linden flowers filled the air.

...

Заблудився серед високих
                        дзвіниць.
Ціле місто високих дзвіниць,
    велике місто порожніх
                        дзвіниць.
    І коти,
        здичавілі коти.

...

Таку масу тепла власного
        без миті вагань,
                щоденно
    можеш віддавати лиш Ти,
                Всевишній.
    Бо немає кінця щедротам
                Твоїм.
    Піднімаю лице своє до Тебе
    і складаю долоні на грудях
                своїх,
    покорений ясністю лику Твого.
    Ти відкрив мені Своє лице,
    бо чого ради я мусив би так
                томитись.
    Поможи визбутися тягаря
                зневіри,
    щоб мати радість прийти
                до Тебе.

...

    Якесь диво −
вже котрий день подорожі −

• • •

I was lost among tall
                    bell towers.
An entire city of tall bell towers
    an immense city of empty
                    bell towers.
And cats
        feral cats.

• • •

Such an immense amount of warmth
        without a moment's hesitation
                        daily,
only You can bestow,
                    Almighty.
Because Your bounty has no end.
I raise my face to You
I fold my palms
            on my breast
humbled by the radiance of Your countenance.
You have shown me Your face
for why else would I have needed
                    to suffer so.
Help me release the burden
                    of doubts,
so that joyfully I could come
                    to You.

• • •

    Something wondrous—
for some days now on my journey

переді мною горлиця.
Присяду відпочити
            і вона сідає,
піднімаюсь –
        вона злітає,
заплачу –
        вона тугою заворкує.
Звертаю –
        вона повертає.
    Що це?
В душі завжди
            жевріло –
хтось повинен би
піти зі мною на край світу,
    але що це буде горлиця?

                •••

«...Працюємо у три зміни.
Розтоплюємо дзвони
        на мідні копійки».

                •••

Сьогодні занаряджено
    ще дві бригади
            антів
        в каменоломню
ламати камінь
        на нові антискрижалі.

202

a turtledove flies in front of me.
    I sit down to rest
                and she sits,
I stand up—
        she flies up,
    I cry—
        she coos mournfully,
 I turn—
        she turns.
    What is this?
In my soul there was always
                hope—
that someone would
accompany me to the edge of the world,
      but that this would be a turtledove?

• • •

". . . We work in three shifts.
   We smelt bells
      into copper kopecks."

• • •

Today they transferred
    two more brigades
        of *antis*˙
    to the rock quarry,
to break up rocks
    for new antiscrolls.˙˙

˙ *Antis: descendants of sixth century Slavic tribe.*
˙˙ *Stone tablets with Ten Commandments.*

...

А он і ті самі соняшники,
    що цвіли два роки тому.
А де ж тоді край світу?

...

Тоді ще не знав:
    усе сказане мною
    буде використане проти мене.
Зате знав:
    усе досі написане мною –
    лиш розпис у власній недосконалості.

...

Там, де немає вулиць,
там, де не їздять на велосипедах,
там, де так багато людей
    дуже різних
        і таких однакових,
осінь також прийшла.

...

Не побачить воно себе вже
    у золотій короні. –
Єдине наше дерево
    зрубав начальник режиму.

...

Тут не чекають літа.
Тут не чекають весни.

· · ·

Those are the same sunflowers
    that bloomed two years ago—
But then where is the edge of the world?

· · ·

I didn't know then:
    everything I said
    would be used against me.
But I knew:
    everything I had thus written—
    was just a portrait of my imperfection.

· · ·

Where there are no streets,
where no one rides bicycles,
where there are throngs of people
        very different
            yet very much the same
        autumn arrived as well.

· · ·

It will never see itself
        in a golden crown—
Our sole tree
        was axed by the regime's director.

· · ·

Here they do not await summer.
Here they do not await spring.

Тут не чекають зими.
Тут не чекають осені.
  Тут чекають закінчення

. . .

  Нараз відчув,
що і той камінь, на який сперся
                          ногою,
і той зверху, за який вчепився
                          руками,
хилитаються, як хворі зуби.
А поруч на кам'яному виступі
валяється маленький пластковий
        черевичок
            ляльки.

. . .

  Три доби
  На побачення з життям

. . .

  Ідуть, ідуть,
    сходячи на ніщо:
        тик-так,
            тик-так,
                тик-.

Here they do not await winter.
Here they do not await autumn.
     Here they await the **e n d.**

         • • •

    Suddenly I felt
that the rock on which I rested
              my foot
and the one above that I grasped
             with my hands
wobbled like loose teeth.
On a stone ledge nearby
lay a small plastic
      doll's
        shoe.

         • • •

Three more days and nights
To a meeting with life.

         • • •

They keep going, going
   getting nowhere:
        tick-tock,
           tick-tock,
               tick-.

...

Лиш не стало шпиків –
    відчув, як сильно скучив
    за запахом бараболяного бадилля,
спалюючи на куцому городику чернетки,
    де важкі, як дині, дозрівали слова.

...

У купу щебеню
встромлено важку лопату.

...

Тесля теше,
    тесля щось собі теше,
бо є щось дуже гарне в тому,
коли в погідний осінній день
тесля теше.

...

Поможи перебути царство
            зчерствілих сердець,
    щоб не озлобитись і собі,
    спасаючи крихту здоров'я.

...

У спеціяльній частині знали,
коли скінчиться і цей великий
            піст,
тільки одна дата прихована
    глибокою таємницею
            від усіх.

. . .

As soon as the spies were gone—
   I realized how much I longed
   for the scent of potato stalks
as I burned rough drafts in the meager garden
   where words, heavy as melons, were ripening.

. . .

A heavy shovel was pushed
into a pile of crushed stones.

. . .

A carpenter chisels
   a carpenter chisels away
because there is something endearing
when on a lovely fall day
a carpenter chisels.

. . .

Help me endure the kingdom
         of callous hearts
without becoming wrathful myself
while I redeem bits of health.

. . .

In the special section they knew
when this long Lent would end
but that date was hidden
   like a deep secret
     from everyone.

...

Щось незриме
зашаруділо по опалому листі,
й довготелеса тінь
тричі ледь чутно постукала в двері,
як і було домовлено.

...

Барабан гепав раз у раз,
співали горласто свахи,
і плакала молода на своєму весіллі...

...

Зцілителі зрубаних дерев
ішли на дерев'яних ходулях
з крикливими транспарантами.

...

...То був квітник користолюбства,
вишуканої фальші,
що приторно тхнув розпустою.

...

По той бік дороги
    (котрої й дорогою назвати не можна)
було велике кладовище бойових слонів.
Виснажені важкою працею,
вони приберегли залишок сил,
щоб самим дійти до цього місця.

. . .

Something invisible
rustled in the fallen leaves
and a gangly shadow
softly knocked on the door three times
as agreed.

. . .

The drum thumped over and over,
the in-laws sang noisily,
and the bride cried on her wedding . . .

. . .

The healers of axed trees
walked on wooden stilts
carrying gaudy banners.

. . .

. . . It was a garden of greed
and exquisite falsehood
that reeked of debauchery.

. . .

On the other side of the road
      (that could hardly be called a road)
there was an immense graveyard of war elephants.
Exhausted from hard labor
they conserved a remnant of strength
to reach this place by themselves.

∙ ∙ ∙

І була у Величності маленька голова,
поставлена на великий одутлий живіт,
    і маленькі очі,
    і великий кривий рот,
дуже великі вуха (компетентний орган),
         і маленькі шпилькуваті зуби
та довгі цибаті ноги.
Мати його була блудницею,
Абсолютно індиферентною
до гріха і падіння,
так, що вже ніхто й не пізнавав
        у ній
         правосуддя.

∙ ∙ ∙

А з бивнів слона
    вирізали химерні фігурки,
якими імператори грали
      в замислувату гру.

∙ ∙ ∙

Царське
   червоне золото −
на скронях кленів.
Рокоче дзвін небесної голубизни
    у вуха підземелля.
Вогненний ум палахкотить
на жертовнику похилих літ,
і падає листок на зігнуту спину.

And his Eminence had a tiny head
sitting on a big bloated belly
   and beady eyes,
   and a large crooked mouth,
and huge ears (very competent organs),
    and little pointed teeth
and long scrawny legs.
His mother was a whore
so completely indifferent
to sin and downfall
that no one recognized justice
     in her
    anymore.

• • •

They carved odd figurines
   out of elephant tusks
with which emperors played
   a cunning game.

• • •

Regal
 red gold—
on maple temples.
A blue celestial bell resounds
  in subterranean ears.
A fiery mind blazes
on the sacrificial altar of old age
and a leaf falls on a stooped spine.

* * *

Висвятити одну високу мить,
щоб ніхто не наважився
    тишу зламати.

* * *

Синички поспішно клювали калину,
ледь помітно сунулися кучугури
               м'яких хмар,
а всі решта мовчки чогось чекали.

* * *

І була любов на землі,
і була земна любов
вагітна тугою.

* * *

Здавалось: ще трохи
     і наважуся відплатити
          витончено-мерзенній підступності.
    Відплатити витончено,
як належиться.

* * *

І зацвітуть сади,
і засинатимуть конвалії
в обіймах широкоплечого листя.
І кейфуватимуть мовчки
піжонами виряджені каштани,
сп'янілі від джазу,

• • •

Sanctify a single elevated moment
so that no one would dare
        to break the silence.

• • •

Blue jays hurriedly pecked on a guelder rose,
mounds of soft clouds
        barely moved
and everyone else awaited something silently.

• • •

And there was love on earth
and there was earthly love
pregnant with longing.

• • •

 It seemed: just a bit more
        and I will dare to repay
                that subtle disgusting deviousness.
        Repay it subtly,
as fitting.

• • •

Orchards will bloom
and lilies-of-the-valley will doze
in embraces of broad leaves.
And spruced chestnuts
will silently luxuriate
dizzy from jazz

що для тих,
      хто не спить.

          ...

Чи маю право ремствувати,
   що не вміють ремствувати?
Але ж не мають права не вміти!!!

          ...

Майдан порожній,
шалено порожній колишнім
гамором.

meant for those
     who do not sleep.

• • •

Do they have the right to complain,
    if they don't know how to complain?
But they don't have the right not to know!!!

• • •

The square is empty
insanely empty of former
clamor.

ПРИДОРОЖНЯ КАПЛИЧКА·

Світлій пам'яті побратимів,
що загинули в неволі

· *Цю невеличку збірку автору вдалося вивезти з останнього, третього ув'язнення (звільнений 23 серпня 1988 року, в час т. зв. «перестройки»).*

ROADSIDE CHAPEL*

Dedicated to the Memory of
My Fellow Brothers Who Died in Imprisonment

* *The author was able to bring out this small collection from his last and third imprisonment. He was released on August 23, 1988 during "perestroika."*

Коли переступаю
через свою настороженість,
завжди хочеться вхопитись
                за поручні,
і забуваю,
                що їх уже немає.
їх знесла повінь.
Та й самої кладки вже немає.
Тоді як же я йду через цю прірву
до тої білої цяточки?

                                • • •

Камера вузенька, –
розкинувши руки, впираюся
в стіни, –
                та переконую себе,
що більшої мені і не треба.
(Я ж не збираюся тут
танцювати).
        Переконую себе,
                переконую.
Але ж звідкіль оте відчуття,
        що стіни стискаються,
стискаються,
як лещата.

                                • • •

Хто не знає,
                що скрижалі
                        із заповідями Божими
        витесані на камені!
Але що цей камінь такий важезний...
        Що ж,

Whenever I overstep
my vigilance,
I always want to grab
        the handrails,
and forget,
      that they aren't there anymore.
Washed away by a flood.
Even the footbridge is gone.
So how am I to cross this chasm
to that tiny white dot?

                                        • • •

The cell is narrow—
arms outspread I lean against
the walls—
        and convince myself,
that I don't need a bigger one.
(I don't plan to dance here)
        I try to convince myself,
                convince myself.
Then why do I feel
the walls are closing in,
squeezing together,
like skis.

                                        • • •

Everyone knows
        that the tablets
            with God's commandments
        are carved in stone!
But that the stone is so heavy . . .
            Ah,

коли тільки голод концтаборів
спроможний наростити м'язи,
коли лиш холод карцерів
          має дати ту енерґію
          втримати брилу.
Ну що ж...

          • • •

  Ні! Ні!
          Неправда!
Мене не засуджено!
Ні! Не ув'язнено!
Мене обрано свідком,
          свідком мого часу.
Чуєте?!
          Лише свідком!

          • • •

Здається,
          вже можна б звикнути,
та ще ні разу не забряжчали ключами,
ні разу не грюкнули залізними дверима,
щоб не полоснути по душі.
А, здається, за стільки років
Вже можна було б і звикнути.

          • • •

Коли на зиму
          звідсіль
          відлітають пташки —
                    сумую.
Але розумію їх.

if only hunger in the concentration camps
could build muscles,
if only the cold cells
    could give you energy
    to bear that boulder.
Ah well . . .

• • •

No! No!
       It isn't true!
I was not sentenced!
No! Not imprisoned!
I was chosen to be a witness,
       a witness of my times.
Do you hear?!
       Only a witness!

• • •

You'd think,
you would get used to it already,
but every time they clang keys,
every time they slam iron doors,
they thrash the soul.
You'd think, after all these years,
you would get used to it.

• • •

When in wintertime
      birds fly away
    from here—
      I am sad.
But I understand them.

І тішуся весною,
    коли повертаються,
        але не розумію їх.

              • • •

Знаю, що треба писати:
           розкласти багаття,
а пишу:
      розпалити вогонь.
Так мені чомусь хочеться!
Хоч вставлені у свічада
          поминальні свічі –
скорбота наша.
Вони ще не багаття,
             ще не вогонь.
Та після хвилини мовчання,
         що так затягнулася,
конче мушу зібрати їх у жмут
         і розпалити.
      Розпалити!
Навіть якби при цьому
мала згоріти моя сторожова вежа.
      Розпалити!
А свічада почистити,
     витерти від пилу,
«...бо то страхи, то все твої
        страхи,
        страхи,
          страхи».

Витерти
     і поставити на видноті
в придорожній капличці,—
прийдіте, народи, зігрітися

And I'm glad in springtime
　　　　when they return,
　　　　　　but I don't understand them.

　　　　　　　　• • •

I know, I should write:
　　　　　　　spread the flames,
but I write:
　　　　　ignite a fire.
Because I just want to somehow!
Though memorial candles stand
　　　　　　　in the candelabra—
the grief is ours.
They are not burning yet,
　　　　　　　　not yet a fire.
But after a moment of silence
　　　　　　　that lingered on,
I must gather them into a bundle
　　　　　　and ignite them.
　　　　Ignite them!
Even if this
makes my watchtower burn up.
　　　　　Ignite them!!
Them clean the candelabra,
　　　　wipe off the ashes,
". . . because they are fears, they are all your
　　　　　　fears,
　　　　　　fears,
　　　　　　　fears." •

Wipe them off
　　　and put them on display
in a roadside chapel,—
come, ye nations, to warm yourself

біля нашого багаття
        і поклонітеся.

* *З поезії В. Стуса.*

• • •

Як добре закутатись —
            не так продуває.
А все ж чути,
        як деренчать порожні шальки.
Ними кидає то вгору,
            то вниз,
Як бляшанками на мотузці.
        Який хосен тут із терезів Феміди?
А то заносить їх вітром убік,
        і вони гойдаються,
            мов порожня гойдалка,
прив'язана до старої, скрипучої груші
        посеред цвинтаря.
Замружившись
від разючого фальшивого світла,
            виразно видно,
що це всього лиш
                брудне,
                    пом'яте
                        відро,
що слугувало парашею
        арештованому цареві.
А деренчить страшидлом,
        причеплене до полудрабка
            фараонової колісниці.

by our flames
           and bow.

• *From a poem by Vasyl Stus.*

• • •

So good to bundle up—
              not as drafty then.
But you can still hear
      empty cups clanging.
They're flung up,
        then down,
Like metal tins on a string.
        What good are Themis's scales here?
The wind blows them around
          and they sway
              like an empty swing
tied to a creaky old pear tree
        in the middle of a cemetery.
If you squint
in the blinding fake light
            it's clear
that it is nothing but
                a dirty,
                    dented
                        bucket,
that served as a latrine
        for the arrested tsar.
It rattles like a scarecrow
        attached to a side rail
            of the pharaoh's chariot.

* * *

Чого ти на мене чатуєш,
Чому чигаєш на мене у цій юдолі?
Іди геть!
Кому кажу:
«Іди геть!»
Чого маю постійно оглядатися
у кожен закуток трагедій,
що так морозять.
Іди собі!
Бачиш, скільки тут ще роботи?!
Не страх перед тобою,
а страх не встигнути домовити
спонукає просити:
Іди собі геть!
Іди!
Дай договорити.
Дай доказати!

* * *

Захоплене зненацька зухвальство
сторопіло на мить...
Та згодом,
криво всміхнувшись,
занурилось у своє зухвале: «Ну
и что?»˙

˙ *Ну і що? (Рос.).*

* * *

На узбіччі дороги
велике вантажне авто

228

．．．

Why do you keep hounding me?
Why do you spy on me in this dungeon?
            Go away!
            I tell you:
                "Go away!"
Why must I constantly peer
        into every corner of tragedies
        that gives me chills.
                Get away!
Can't you see how much work is yet needed?!
        I'm not afraid of you,
            but the fear that I won't finish speaking
            makes me plead:
                    Just go away!
                        Go!
        Let me finish speaking.
                Let me give proof!

                    ．．．

Caught by surprise, contempt
        was shaken for a minute . . .
But soon,
        with a wicked sneer
it crawled back into its brazen: *"Well
so what?"*

* *In Russian.*

                    ．．．

On the side of the road
        there is a huge truck

з причепом,
яким мають возити будівельні матеріали
в гігантську чорну діру
в нашій галактиці.
Та під заднє колесо вмощують
велику кам'яну брилу,
що формою нагадує труну,
в якій (я чомусь переконаний)
похований Олексин стоїцизм.
. . . .
А в темному космосі
так тихо,
так безмежно тихо,
аж моторошно.

• • •

Згорілі комети
не полишають сліду.
Погасла думка
не домагається спогаду.
Лиш вселенське веління
змушує збирати псальми
для завтрашнього псалтиря.

• • •

Ситий спокій співвітчизників
Забивав цвяхи у їхні руки.

with a trailer,
that is to transport building materials
    for a gigantic black hole
        in our galaxy.
Under its hind wheels they're attaching
    a huge stone block
    shaped like a coffin
    in which (I am convinced)
    Oleksyn's stoicism is interred.
. . . .
And in the dark galaxy
    it is so quiet
so infinitely quiet
        it is frightening.

                        • • •

Burnt out comets
            don't leave a trace.
An extinguished thought
            doesn't demand memory.
Only the will of the universe
compels psalm gathering
for tomorrow's psalter.

                        • • •

The sated peace of my compatriots
drove nails into their hands.

...

Коли зберем плачі усі,
всі голосіння твої,
     Україно,
   твій стогін
         і розпач твій,
   твої молитви
за всіх часів твоєї страсної
           дороги
       по всій землі
і як не розірветься серце
від тягаря цього –
ПОВЕРНЕМОСЬ.

. . .

When we gather all the tears,
all your laments,
     O Ukraine,
   your wailing
          and your despair,
    your prayers
from all the times
of your way of the cross
        throughout the land
and if the heart does not break
from the weight of this burden—
WE WILL RETURN.

ЩЕ ЖМЕНЬКА ДЕТАЛЕЙ ДО ПІЩАНОГО ГОДИННИКА

ANOTHER HANDFUL OF DETAILS FOR THE HOURGLASS

Сонце сходить і заходить.
Якщо й сховали його від нас –
сонце сходить і заходить.

• • •

Найголовнішого так і не сказав.
Тепер воно піде від мене,
залишивши біль утрати.

• • •

Якось зненацька
останній залишок надій
журним ключем
піднявсь у місячне безсоння.
А птах підбитий
лемент свій
їм кинув навздогін
у темну прохолоду...
І все!
І більш нічого...
лишень на тиху воду
пожовклий лист упав
. . . .
І втратою запахла осінь на світанні,
І легкий сум, немов туман з ріки,
Обняв, обкутав, затуманив
І кинув на покоси прілої трави.

Щоби відходити від літнього похмілля,
Втискатися у мушлю самоти
Коли нема кого чекати,
Коли нема куди іти.

The sun rises and sets
   Even when they hide it from us—
      the sun rises and sets.

• • •

I didn't get to say what was most important
Now it will escape me
leaving behind the pain of loss.

• • •

   Suddenly
the last remnants of hope
     rose like a mournful flock.
into moonlit sleeplessness.
      A wounded bird in pursuit
   cast his lament
     into cold darkness . . .
That is all!
   Nothing more . . .
     only a yellow leaf
   fell on quiet waters.
. . . .
At dawn, the autumn scent of loss,
And soft sorrow, like mist from a river,
Embraced, enshrouded, obscured,
Discarded on a heap of rotten grass.

Withdraw from summer's intoxication,
Squeeze into a shell of solitude
When there is nothing to wait for,
When there is nowhere to go.

Коли нічого вже не треба –
Лиш чути як сльоза в душі пече:
Легоче вирій вже без мене.
Не дожену! Не дожену уже.

. . .

Мусить пожовкнути,
        висохнути
                і щезнути трава,
мусить висохнути лоза виноградна,
мусить висохнути хміль,
і аж потому розкопуватимуть у пісках
                померлі міста.

. . .

Коли розмовляю зі
                смертю,
та завжди перебиває.
        Так же негарно!

. . .

З того часу
як замордували метафору,
життя стало панахидою
                поезії,
на якій зачитую докори.
Потім в цьому каюся
і молю прощі для себе
        і для них,
аж поки
знову не почнуть
                мордувати.

When nothing more is needed—
A teardrop scorches the soul:
The whirlwind rushes on without me.
I cannot catch it! I cannot catch it anymore.

• • •

Grass must wither,
     dry,
         disappear,
grape vines must wilt,
hops must shrivel,
and only then will they dig for dead cities
in the sands.

• • •

    Whenever I converse with
               death,
it always interrupts me.
    So rude!

• • •

From the moment
they murdered metaphor,
life became a memorial
        for poetry
in which I read reproaches.
Then I repent for this
and ask forgiveness for myself
      and them,
until they begin
      murdering
        again.

...

Відвага підганяла,
                а ноги не могли іти,
                                вже не могли.
І соромно не було –
                був сам.
        Було досадно.
        Душили сльози.

...

І чого я несу ці квіти,
                вони вже геть зів'яли.
А поки донесу, взагалі стануть нікудишні,
        ніяково буде їх дарувати.
                А кому я їх несу?

...

Вже по два загонових начальники
                у кожному загоні невільників.
Та й загонів побільшало вдвічі.
А хтось таки там норму не виконує,
                бо знову план горить.
        План – це восьме чудо світу,
                побудоване на піску.

...

Те, що виростає саме із себе
                і переростає саме себе – горить.
Але ж хіба я роздмухую вогонь?!

\. . .

Courage urged me to keep going,
   but the feet couldn't go on,
      they just couldn't,
and it wasn't shameful—
       I was alone.
   It was distressing.
   Tears choked me.

\. . .

Why am I bringing flowers,
   they are all wilted.
By the time I arrive they will be useless.
     no good as a gift.
   And who are they for?

\. . .

Now there are two detail commandants
   for every unit of prisoners.
And there are twice as many units.
Someone isn't keeping up with norms
   because the plan burns up again.
    The Plan—the world's eighth wonder
    built on sand.

\. . .

That which grows out of itself
   and outgrows itself—burns.
But do I feed the fire?

***

Всі,

    хто в поті чола,

      приходьте до мене

      на хліб і сіль

        без води.

   Без води.

***

...інколи

    крадькома

      загляне в дзеркальце.

Хіба для того,

   щоб переконатися –

     час все-таки біжить.

***

Треба бути дуже обережним –

    переслідує відчуття марноти

з гострими пазурями.

***

Де батіг?!

Де батіг для самобичування?!

***

Холодні сніжинки

    падають на чоло,

топляться.

   Чоло гаряче...

···

Everyone,
    with a sweaty brow
        come to me
        for bread and salt
           without water.
    Without water.

···

. . . sometimes
     a secret glance
        in the mirror.
  Maybe only
    for reassurance—
        that time actually passes.

···

One must be very careful—
    the feeling of futility haunts
with sharp claws.

···

Where is the whip?!
Where is the whip for self-flagellation?!

···

Cold snowflakes
    land on the brow
        and melt.
The brow is feverish . . .

...

У степ – птахом.
У степу тріскучі трактори
        розкидають гній нових ідей.
У ліс – оленем.
У лісі юрми сліпих людей
        шукають заблукану надію.

...

Як загриміло,
обперся спиною об стіну,
                щоб крижі не боліли.
        А дощу ні крапельки,
        А так гриміло...

...

Це ми з тобою збирались перемалювати
        всі акварельні візерунки
в ще не займаних затоках Дніпра.

...

Ніщо так не опритомнює
        як твоє ридання.
        Бо у ньому
                безодня світу.

...

Кому дорікати за те,
        що ми є?!
Ні в якому разі!

· · ·

Into the steppes—like a bird.
In the steppes creaky tractors
        strew manure of fresh ideas.
Into the forest—like a stag.
In the forest hordes of blind men
            seek lost hope.

· · ·

When thunder rolled
I leaned against the wall
                so my back wouldn't hurt.
        But not a drop of rain,
    And it had thundered so . . .

· · ·

You and I had planned to repaint
        all the watercolor patterns
in Dnipro's unoccupied bays.

· · ·

Nothing brings me to consciousness
    like your weeping.
        Because it holds
            the abyss of the world.

· · ·

To whom shall we complain
        that we're still here?!
Not at all!

Не треба!
Хіба ми не були земні?
...а хочемо неба.

• • •

Несподівано
            високе хвилювання
        на цьому схилі віку.

• • •

Наступити чоботом на скрипку –
це щось більше,
        як необережність.
Хрускіт розтрощених пальців.

• • •

Так гусне бурштин у часі,
втопивши у собі мурашку.

• • •

порятунку
    в очах
        твоїх

ласки
    у рук
        твоїх

прощі
    в спокої
        твоїм

No need!
Are we not earthly?
. . . yet we want heaven.

●●●

Unexpected
   great excitement
  at this old age.

●●●

Smashing a violin with a boot—
     is way beyond
       carelessness.
The crackling of crushed fingers.

●●●

Amber thickens with time,
after drowning the ant inside.

●●●

    refuge
     in your
      eyes

    mercy
     in your
      hands

    forgiveness
     in your
      peace

мовчки
    виболюю

          • • •

Ріко життя,
    ти уже не рвеш греблі.
У понизів'ї стала широкою і повільною.
То хоч тепер будемо одне для одного дзеркалом,
    (ріка вперше побачила себе в мені)

          • • •

Барикади –
    це купи різного моьлоху.

          • • •

Історія – відбитки емоцій,
    що воліють не враховувати інших емоцій.
Істина десь вище,
    десь там,
        де немає упереджень.

          • • •

Тут неважко утверджуватись у вірі,
що Бог зійшов на Землю страждати.

          • • •

Голубить
    небесну
        голубінь
            Бо

I ache for these
        In silence

                    •••

River of life
        you no longer breech dams.
In lowlands you became wide and sluggish.
At least now we can mirror each other.
        (the river saw itself in me for the first time)

                    •••

Barricades—
        are piles of all sorts of rubbish

                    •••

History—reflects emotions
        that prefer to disregard others' emotions.
Truth lies somewhere higher
        someplace
                where there is no prejudice.

                    •••

It is not hard here to accept the belief
        that God came to Earth to suffer.

                    •••

He caresses
                the dove blue
                        heavens
                                because

                        любить
              синь
                    небесну
                        голубить
                            Бо
                                Го·

          • • •

В той час,
            коли
        «Із-за гір та з-за високих
        Сизокрил орел...» летів –
            поети
                колонами
                    до
                        Соловків.

          • • •

..десь там
        геній Майстра
    байстрював
            оду пазурам
    ..десь там

          • • •

На горизонті людина.
        Іде туди, звідкіль я повертаюсь.

                    he loves
              the blueness
                    of heaven's
                          caress
                          Bo
                          Ho˙

˙ *Wordplay on holub (dove), holubin (blueness), holubyt (caress), Bo Ho (Bohdan Horbal).*

                          • • •

  At the same time,
                          that
  "From behind the high mountains
              the silver-winged eagle . . ." soared—
                    colonies
                          of poets
                                headed
                                      to
                                Solovki˙

˙ *Gulag prison camp established in 1918 on the Solovetski Islands.*

                          • • •

  . . . somewhere
                    a Maestro genius
  bastardized
                    an ode to talons
  . . . somewhere

                          • • •

  On the horizon a person
        is heading to the place from which I return.

Чи йому щось розповісти,
    чи розпитати його про щось?

...

Після великої
    так званої класової битви
все стало значно простіше:
поділ іде на в'язнів і наглядачів –
і ніякої тобі плутанини.

...

І павутинка – чиясь смерть,
і це залізо – чиясь смерть,
і спека – чиясь смерть,
і гроза – чиясь смерть.
І невже це так мудро лиш тому,
    що так жорстоко?

...

Достигла горобина
у вельйоні бабиного літа
засоромилася власної зрілости.

...

Така порожнеча під серцем –
вити хочеться.
Вити вовком.

Should I tell him something,
    or ask him something?

                    • • •

After the great
    so-called class war
everything became much simpler:
the division is between prisoners and guards—
make no mistake here.

                    • • •

The cobweb—is someone's death,
this iron—is someone's death,
this heat—it someone's death,
a thunderstorm—someone's death.
Could this be so clever only because
        it is so cruel?

                    • • •

The ripe mountain ash
in a veil of Indian summer
was embarrassed by her own ripeness.

                    • • •

The heart is so hollow—
you want to howl.
Howl like a wolf.

...

– Слухай, це не дзвін бамкає?
– Ні, дорогу будують.

...

Думати про щось інше,
          думати про біле,
                    думати про зиму.
...тихо падає пухкий сніг...
Згадалось:
          мама принесли до хати
                    оберемок замерзлих випраних сорочок
і з грюкотом поклали їх на лаву.

...

Позавчора наглядачі
відібрали сорочку
«вольного образца*».

* *Цивільного зразка (рос.).*

...

І яка тут ризика
впертися головою в порожнечу? –
ніякої ризики.

...

Не можу пригадати,
хто мені подарував оте кольорове пір'ячко,
що носив за стрічкою
          свого тірольського капелюшка.

. . .

—Listen, is that a bell tolling?
—No, they're building a road.

. . .

Think about something else,
    think about white,
        think about winter.
. . . soft fluffy snow falling . . .
A memory:
    mother brought inside
        an armful of frozen laundered shirts
and noisily set them on the bench.

. . .

The day before yesterday
guards took away
the *"free sample"* * shirt.

* *In Russian.*

. . .

What risk is there
in leaning the head against emptiness?—
no risk.

. . .

I can't remember
who gave me the colored feather
that he wore on the headband
    of his Tyrolean hat.

\. . .

Ти, пустельнику, будеш птахом,
бо птахи не знають, що таке робота,
і ти не мусиш знати.

\. . .

Круговерть замислена великим супокоєм.
Тепер у круговерті своя власна мисль.

\. . .

...перескочити через останню
        оскалену
                прірву.
        І чого це я просив її
                записати голосіння
                        розбитого
        натхнення?

\. . .

Навпомацки...
Як маю лупати сю скалу?
Де ви, люди зі смолоскипами?!

\. . .

        Гори
            висохлих
                пожовклих
                    соснових
                        вінків

• • •

You, desert hermit, will be a bird,
because birds don't know what labor is,
and you don't need to know.

• • •

The vortex thinks about great calmness.
Now the vortex has its own thought.

• • •

. . . leap over the last
          craggy
                    precipice.
So why did I ask her
          to record the wailing
                    of shattered
     inspiration?

• • •

Groping . . .
How am I to cleave this mountain?
Where are you, people with torches?!

• • •

Mountains
     of withered
          yellowed
               pine
                    wreaths

...

Яничари охороняють свято,
         обвішане паперовими квітами.
«...С праздничком вас!
         С праздничком...»
І сиплються в шапки
         мідні нагороди
                  за доблесть.

...

привид світанку
         для метелика-одноденки
був затьмарений...

         а потім було всього:
                  і злети
і падіння
         і біль втрат
         і безроздільне кохання
                  тенета

         тільки старість прийшла
                  якось раптово
                           надвечір.

...

Лапи,
         лапища
над кліткою реального світу,
         в якій

...

*Janissaries** observe the holiday
    decked with paper flowers.
"... Holiday greetings to you!
      Holiday greetings ..."
And copper medals
    are strewn into hats
      for valor.

* *Elite guards in Ottoman Empire.*

...

illusion of dawn
    for the ephemeral butterfly
was blurred ...

    everything followed later:
      flights
and falls
    and pain of loss
and inseparable love
    a snare

only old age came on
    suddenly somehow
      at dusk.

...

Claws,
    huge clutches
over the cage of reality,
    in which

забилася в куточок
видимість самозречення,
        загнане владою
    добре виваженої
    продуманої стихії.

            • • •

Не виніть,
    що не бачив,
        як розквітають яблуні.
Не виніть мене, браття.
Бо хіба це моя вина?

            • • •

«Читайте, завидуйте» як
його величність пролетаріат
складає оди на честь слуг своїх.
А потім,
    загнаний у колони,
        демонструє червоними прапорами
            їм
                свою відданість.

            • • •

    Руки затекли,
і їх на якусь мить
        дозволили розв'язати,
але тут-таки зв'язали пам'ять.
А при цьому потреба зав'язувати
                очі
            відпадає сама собою.

curled in a corner
is an appearance of surrender
                coerced by authorities
using very deliberate
        calculated methods.

•••

Don't blame me
    that I didn't see
        the apple trees blossom.
Don't blame me, my brothers.
Surely it wasn't my fault?

•••

"Read and be envious" of how
his highness the proletariat
writes odes in honor of his slaves.
And later,
        forced into colonies,
    demonstrates his dedication
            to them
            with red flags.

•••

        Hands were numb
so they untied them
    for a moment,
 but here—they blindfolded memory.
So the need to blindfold
        eyes
        becomes superfluous.

...

«Шаг влєво,
            шаг вправо −
расцєнівается как побєг.
Стрєляєм бєз прєдупрєждєній!»·
− Чи ти сліпий
що не бачиш тих високих
                        мурів
зліва і зправа,
а товчешся об них головою.
Ото посередині − доля
                  твоя.
Кого ти ще шукаєш?!

· *Крок вліво, крок вправо − розцінюється як втеча. Стріляємо без попереджень! (рос.).*

...

Може, той кам'яний стовп
        і є сонячний годинник?
А нащо знати,
        котра година,
коли й так ні кінця ні краю?
А може, це знак межі?
Межі чого?

...

Пустелю було замуровано
брилами часу,
Спресованими з простору.

· · ·

"A pace to the left,
a pace to the right—
is considered an escape.
We shoot without warning." ·
—Are you blind
that you can't see those tall
                    walls
on the left and right,
yet you keep banging your head against them.
There in the middle—fate
                    yours.
Who else do you seek?

· *In Russian.*

· · ·

Maybe that stone pillar
        is really a sundial?
Who needs to know
        the time
when there is no edge, no end!
Maybe it marks a boundary?
A boundary of what?

· · ·

The desert was walled in
with blocks of time.
Compressed from space.

***

потім підійшов упритул
        до міражу
вперся об нього руками
        міраж не відступав
Запаморочилось…

***

…під кінець двадцятого століття
у половині липня
посеред літа –
        стан невагомості
        і втрата горя
посеред плеса
        людського моря.
Що це зі мною? Де я? –
        світло,
        музика
                і Біла Лілея.

Біла Лілея
        посеред плеса
        людського моря
(на Землі – не земне)
        полонить мене
        посеред літа
у половині липня
в кінці двадцятого століття.
                Сон?
        Інша планета?
        Комета?
Комета Галілея?

. . .

later he came to the edge
       of the mirage
and leaned against it with his hands
      the mirage did not recede.
   Dizziness . . .

. . .

   . . . at the end of the twentieth century
   in mid July
in summertime—
     a state of restlessness
   and grief lost
amidst a sea
   of humanity.
What is happening to me? Where am I?—
   light
     music
       and a White Lilea.˙

A White Lilea
   amidst a sea
     of humanity
(on Earth—but not earthly)
    it captivates me
    in summertime
in mid July
at the end of the twentieth century.
           A dream?
  A different planet?
   A comet?
Comet Galilea?

Біла Лілея!
Біла Лілея!

...посеред літа,
у половині липня,
в кінці двадцятого століття
тисячі скрипок
    бризнули злетом.
(серце літаврами гупа).
   Хіба це зненацька,
      хіба це в агонії,
коли всю вічність
      чекаєш сплеску
космічної симфонії?!

Спресований часом,
  спресований пресом,
герметично закритий
    у карцер ракети
      зі швидкістю світла
в сьогоднішній день,
   у середину літа,
в половину липня,
   в кінець двадцятого століття —
визбуватись себе.

Тримаємось за руки,
   сплівшись в одне
в леті до зір,
   замруживши очі.
Лиш літа вітерець,
лиш шелест шовку.

Твоя рука,
    як метелик, тріпоче

White Lilea!
   White Lilea!

. . . in summertime,
in mid July,
at the end of the twentieth century
a thousand violins
   burst in the air
(the heart pounds like timpani).
   Maybe it comes suddenly,
     maybe in agony,
when all eternity
   you wait for the outburst
of a galactic symphony?!

Compressed by time,
   compressed by pressure,
hermetically sealed
  in a rocket cell
   at the speed of light
on this day,
  in summertime,
in mid July,
   at the end of the twentieth century—
release the self.

We hold hands
   united as one
in the flight to the stars,
   with eyes closed.
Only a slight breeze
  only the rustle of silk.

Your hand
   flutters like a butterfly

у зашкарублій долоні;
де зап'ястя,
           до кості
зглодали кайдани –
    наручники злості.

Твоя рука,
           як метелик, тріпоче...
«Всевишній Отче!»
Я так давно не молився віршами.
Що це зі мною? Де я? –
    Світло,
          музика
              і Біла Лілея.
Біла Лілея.

                              • • •

Тешу з граніту квітку...
           ніжну лілею;
тешу залишками дотикової
                      чуттєвості.
Квітку з росинками
кришталевих сліз на пелюстках
каменоломень[*].

[*] *Свій другий термін автор цих рядків карався у каменеломнях.*

                              • • •

аеропорт рожевий,
           аеропорт блакитний,
                      аеропорт білий

in a callous palm,
the wrist worn
        to the bone
by shackles—
    handcuffs of anger.

You hand,
        flutters like a butterfly . . .
"O Eternal Father!"
For so long I have not prayed with poems.
What is happening to me? Where am I?—
    Light
        music
            and a White Lilea.
White Lilea.

* *Lily.*

• • •

I carve a flower out of granite . . .
        a delicate lily,
carve it with remnants of my
            sense of touch.
A flower with dewdrops
crystal tears on the petals
stone-cutter.*

* *During his second prison term the author suffered in a stone-cutting labor camp.*

• • •

 a pink airport
    a blue airport,
        a white airport,

і зелений аеропорт
на різних кінцях землі,
з яких злітають срібні лайнери –
    дуже чисті і ніжні,
       без єдиного звуку,
     злітають, як пір'ячко,
       лайнери.

                 ...

Не маю права проспати –
    битимуть ногами.
Ні, ні – не заснути!
Але ж цей злий недруг – втома.
Єдина надія – прокинутися від тиші,
що має нагрянути.
Єдина надія,
    інакше...страшно подумати.

                 ...

Втікати
    з усіх аеропортів одночасно.
Важко бути присутнім
на проводах власної впевненості:
соромно сліз.

                 ...

Спогади приходять самі,
       непрошено.
Відвертають увагу
своїми недолугими жартами,
нав'язливим бажанням
       втішити.

and a green airport
at various ends of the world,
from which silver planes fly—
  very clean and gentle,
   without a single sound,
  they fly like feathers,
   airplanes.

       • • •

It's impossible to sleep—
  they will stomp their feet.
No, no—you cannot sleep!
Fatigue—such a wicked enemy.
The only hope—is to wake up from the silence
that will follow.
The only hope,
  otherwise . . . it's frightening to imagine.

       • • •

Run away
  from all airports simultaneously.
It is hard to be present
when self-confidence departs:
tears are shameful.

       • • •

Memories come by themselves
    without invitation.
They turn attention away
with their persistent jests
and wearisome attempts
      to cheer.

＊＊＊

Плащ,
    що залишився від тата,
        був завеликий.
Але більше не було в що одягнути
        потребу пізнавати світ.

＊＊＊

Як багато знаків і символів
ще не вмію пояснити.

＊＊＊

Динозаври
(заблудле безрозум'я кам'яного віку)
        з порепаною шкірою
                від зажерливости
з ревом (що ніс страх і сум'яття)
плазом (на обвислих черевах)
        через галявину конвалій,
в пошуках води
        для освячення свого
                звірячого нахабства.

＊＊＊

Прохолодно.
        Ой, де моє літечко?
Знову пропонують
        бути розтоптаним.
Мерзлякувато.

The coat
　　that father left
　　　　was too big.
But there was nothing else in which to dress
　　the need for discovering the world.

···

　　So many signs and symbols
　　that I can't explain yet.

···

Dinosaurs
(lost absurdity of the stone age)
　　　　their skins cracked
　　　　　　from gorging
and roars (frightening and confusing)
creep (on sagging bellies)
　　through a meadow of lilies-of-the-valley,
in search of water
　　for sanctifying their
　　　　beastly brazenness.

···

Cold.
　　Oh, where is my summer?
Again they want me
　　squelched.
Frostbitten.

...

Не загуби надію!
Чуєш?! Надію не згуби!

...

Лютий подарував нам
сім теплих днів

...

Лахміття
        віддане міняйлові
                за синій порошок,
кольорові олівці
        і глиняний свищик –
                втіха дітлахам.

...

Дерева позбавлені права
вибирати собі смерть.

...

вчорашні свійські голуби
над сплетінням верховіть
        диких яблунь

...

Те передчуття
могло б народитись

. . .

Do not lose hope!
    You hear?! Do not lose hope!

. . .

February granted us
seven warm days

. . .

Rags
        traded with the moneychanger
                for blue powder,
colored pencils
        and a clay whistle—
                delight for kids.

. . .

Trees are deprived of the right
to choose their own death.

. . .

yesterday's domestic doves
under braided branches
        of wild apple trees

. . .

The anticipation
could have become

пророцтвом,
та страх задушив його в собі.
А покарання відбувало «Я»

＊＊＊

«Может, тебе не нравится
Советская власть?»˙
– Що Ви, начальнику,
що Ви...

˙ *Може, тобі не подобається совітська влада? (рос.).*

＊＊＊

Глиняний птах
клює
рожеві колечка,
голубі колечка,
білі колечка
і зелені колечка,
склеєні з паперових смужок
в ланцюг
для прикрашення
різдвяних надій.
І тепер вони калатають,
як мідяки в глиняному
глечику.

＊＊＊

Якщо не свисну,
не сполохну,
може статися непоправне.

          a prophesy
but fear strangled it.
The punishment was being served.

                        • • •

*"Perhaps you don't like
our Soviet rule?"* •
—What do you mean, commandant,
                    what . . .

• *In Russian.*

                        • • •

A clay bird
                pecks at
        pink ringlets,
                blue ringlets,
                        white ringlets
        and green ringlets,
glued from paper strips
into a chain
for decorating
                Christmas hopes.
And now they rattle
like copper coins
        in a clay pot.

                        • • •

If I don't whistle
                and frighten it away
something terrible might happen.

А де ж мій свищик?
Де глиняний пташок?!

...

Чим вимірюється дорога
між відчаєм і надією?

...

Підтасовується так,
щоб зробити видимість
безсмертности динозаврів.

...

Візок міняйла перекинутий
десь по дорозі
у нашій великій Мордовії.
Бо «поїзди ідуть із заходу
на схід
і зі сходу на захід».*
Із заходу на схід
і зі сходу на захід.

* *Цитата з роману Чингиза Айтматова «І довше віку триває день».*

...

Другу похвальну оцінку
отримаєш, синку,
коли навчишся розмовляти
з деревами
і розуміти їх.

And where is my whistle?
      Where is the clay bird?!

• • •

How do you measure the road
      between despair and hope?

• • •

It is manipulated this way
    to make immortality
        of dinosaurs visible.

• • •

The moneychanger's wagon was overturned
        somewhere along the road
in our vast Mordovia.
    Because "trains run from west
                to east,
    and from east to west."*
        From west to east
          and east to west.

* *Quote from the novel by Kyrgyz author, Chinghiz Aitmatov,* A Day Lasts More Than a Hundred Years *(1980).*

• • •

You will get
    another positive evaluation, son,
when you learn to converse
        with trees
and understand them.

279

...

Може видатися смішним
коли на тебе
закритого в клітку
починають розставляти
петлі і пастки.

...

Не втратити б свідомости
від важкого сопуху —
в тісноті живих мерців:
дихнути нічим.
Ці оберемки кісток і плоті
бояться підняти голову,
щоб не розсипатись.

...

«Стройся по пятьоркам
побригадно
стройся!
Конвой, прінімай!
Пєрвая,
вторая,
трєтья.
Бистрєє, мать твою...
чєтвйортая».*

* *Команди конвою (рос.).*

. . .

It seems comical
    when you're locked in a cage
and they start setting
      traps and snares.

. . .

So not to lose consciousness
    from the fetid stench—
      when confined with the living dead:
don't breathe.
These bundles of bones and tissue
are afraid to lift their heads
lest they fall apart.

. . .

"Line up in five
      brigades
    line up!
Into the convoy!
First,
    second,
      third . . .
Faster, you motherfuckers . . .
      fourth!." •

• *Convoy commands, in Russian.*

281

...

Вівчарка конвоїра –
це також мій друг.
Друг – навчений ненавидіти.

...

Шукаю очима в небі пташки.
Це заспокоює:
мо' хоть хтось є вільний.

...

Спостерігаю:
павук впускає у свою жертву отруту,
вбиває,
висмоктує сутність.
Залишається лиш оболонка,
лиш видимість колишнього існування.

...

Один рік дарував вам мовчання,
і другий рік дарував вам мовчання,
бо коли я плакав і молився,
молився і плакав –
до вас доходило тільки

мовчання

...

Не якість,
не форма,
не характер

. . .

The convoy's sheep dog—
is also my friend.
A friend—trained to hate.

. . .

My eyes look for a bird in the sky
It comforts me:
        maybe at least someone is free.

. . .

I notice:
    a spider secretes poison into its prey,
                kills it,
            sucks out its essence . . .
Only a membrane is left,
sole evidence of its former existence.

. . .

I granted you silence for a year,
and the second year I granted you silence,
because when I cried and prayed,
            prayed and cried—
all that reached you
                    was silence.

. . .

Not quality,
        not form,
                not character

предметів і явищ,
    з якими стикаюсь,
а схоплена мить
        пережитого
від зіткнення.

• • •

Ніби в могилу,
    впало зернятко
        в розриту землю.

• • •

Це п'ятирічне марення –
    не нудьга,
а гнітюче томління духу,
    від постійного приниження,
        від неспроможности протиставитись,
від відсутности простору,
від неможливости крикнути.

• • •

...ця травинка у кам'яному морі
    приховує
        якусь таємницю.
А з якою гідністю мовчить
        у кам'яному мурі.
Її не можна образити –
    вона несе у собі зцілення.
Тепер щодня втікатиму до її самотности.
Це ж треба – у цьому кам'яному МУРІ*
    рости і зеленіти.

* *Тут гра слів – абревіатура МУР – Московський уголовний розиск.*

of things and phenomena
     that I encountered,
but a snatched moment
          experienced
at contact.

• • •

It was as if a seed
     fell into a grave
          of gouged earth.

• • •

This five-year rambling—
     isn't boredom,
but a depressing spiritual fatigue
     from constant humiliation,
          from futile opposition,
from lack of space,
and inability to scream.

• • •

. . . this blade of grass in a sea of stone
     hides
          a mystery.
It is silent with such dignity
     in the stone wall.
You cannot offend it—
     it contains healing within.
Now, every day I will escape into its solitude.
It is necessary—in this stone MUR·
     in order to grow and flourish.

· *Play on words: moré (sea), мur (wall), MUR (Moscow Criminal Investigation).*

...

Горобчик
            у жменях —
в бажанні зігріти його від холоду. —

Але як його навчити не
                     боятися,
Серце пташеняти мало не вискочить.

...

Неспокій летить і летить
                  у вирій,
доганяючи свої задуми.

...

Зосередженість
прагне повертати борги
                  сподівань,
позичених в дотику
         долонь коханої;
повертати
навстіж відкритими вікнами
                  одкровень;
повертати морю,
що запитально розлилося
         в зеленавих очах
глибинним неспокоєм,
         в якому лячно втопитися
                     сподіванням.

●●●

A sparrow
            in my hands—
seeks warmth from the cold—
But how can I teach it not to be
                        afraid.
Its little bird heart is almost bursting.

●●●

Anxiety flies and flies
            In a whirlwind,
chasing its own reverie.

●●●

Introspection
    longs to repay debts
                for expectations
borrowed from the touch
            of beloved palms,
to repay them
with windows of revelation
                opened wide,
to repay for the sea
    of questions that flooded those green eyes
with a deep anxiety
        in which expectations
            feared drowning.

* * *

Чи загоїть
        веселий лелечий тріскіт
                    рану,
        розчахнену громом
                    саме там,
            де мало б бути сімейне гніздо?

* * *

Вазон
            на твоїм підвіконні
через заплакані шиби
            також когось чекає.

* * *

        Ця суха трава – зілля.

* * *

Розлука –
            на крилах ворона-крука.
Ніби ніколи
            не перелетить поле
                        смутку.
Пустир-поле
        ніби ніколи…

* * *

Не сідлатиму коня,
відпущу на волю первозданности.
Туди,
де до втаємничених джерел

• • •

Will the cheerful flutter of storks
                        heal the wound
        slashed by thunder
                        in the very place
            where there was to be a family nest?

• • •

The vase
        on your windowsill
also waits for someone
        behind weeping panes.

• • •

These dry grasses—are herbs.

• • •

Separation—
            on the wings of a raven.
It might never cross the field
            of sadness.
A desert-field
        might never . . .

• • •

I will not saddle the horse,
I will set it free in creativity.
There,
where deep wells reach

проростають глибокі криниці.
Відпущу в царство трав,
      вітру і первозданности.

•••

Ніби мені ця форма
      найбільше пасує.
Ніби мені цей жанр до лиця.
Ніби я сам його вибрав.
Ніби не мене втиснули в нього умови.

•••

То було пасовисько,
      де бродили табуни найпереконливіших
                    міркувань.
А хто закляв його в пустелю,
що обезкровила стада?!
    І вони зсохлі й озлоблені
одягали на голови
      червоні мішки обезличення,
з вирізаними для очей дірами,
      і починали мордувати
        пастуха.

•••

Пропаща сила
      впала розпукою
        під своїм хрестом.

secret springs.
I will let it run in the kingdom of grasses,
          wind and creativity.

• • •

As if this form
          fit me best.
As if this genre suited my face.
As if I chose it myself.
As if conditions didn't force me into it.

• • •

It was a grazing ground
     where hordes of most convincing ideas
                    roamed.
Who condemned him into the desert
that bled the herds?!
          Dry and weak
they put on red sacks of indifference
               over their heads
with holes cut out for eyes,
and began to murder
          the shepherd.

• • •

Depleted strength
     fell in despair
          under its own cross.

• • •

Пече:
    сором,
        відчай
            чи ганьба?
«Товаріщі!
        Впєрьод!
            за Родіну!
                За Сталіна!» –
зодягнуті в шинелі чужих імперій,
  тисячоголосо горлопанили
        хохли і малороси.
        Пече соромом
                відчай
                      і ганьба.

• • •

Мамо, мені приснилось,
що збираємо з вами
        суниці.
А сьогодні вдень
        високо в небі
                летіли журавлі,
        кудись далеко,
                либонь за море.

...

It scorches;
      humiliation
           wretchedness
             or shame?
"Comrades!
      Forward!
           For the Motherland!
            For Stalin!"
wearing uniforms of foreign empires
a thousand voices barked
      khokhols* and *little russians.**
      Scorching humiliation
          wretchedness
            and shame.

* *In Russian; ethnic slurs for Ukrainians.*

...

Mother, I dreamed
that you and I were picking
      wild strawberries.
And today in daylight
        high in the sky
          cranes flew
   somewhere far
      perhaps beyond the sea.

. . .

Усвідомлюю,
          що треба б відлучитися від
               цієї маси байдужих,
бо коли стихія хлине,
         годі викарабкатись.
       Усвідомлюю –
            розтопчуть.

. . .

Під муром три квітки,
     їх ніхто не зірвав,
І це вже добре.

. . .

По цьому піщаному годиннику
          можна довідатися,
     що зараз пора предтеч.

. . .

...на пустирі
посадив гілочку з дерева псалмів –
ще мусить розквітнути
              піснями
як блискавками,
      що спопеляють
        і відроджують;
як дзвонами,
що будять і возвеличують;
як сурмами,
що кличуть і ведуть.

· · ·

I realize
     that I must separate myself from
          this apathetic mass,
because when forces strike,
     it will be hard to escape.
    I realize—
         they will trample me.

· · ·

Three flowers by the wall,
    and no one has plucked them,
This is already good.

· · ·

On this hourglass
     you can see
   that now is the time for vanguards.

· · ·

. . . in the desert
he planted a branch from a psalm tree—
it needs to bloom
      with songs
like lightning bolts
   that incinerate
   and regenerate;
like bells
that awaken and exalt;
like trumpets
that summon and lead.

***

Коли кресало
           в поспіху
не видає Божої іскри,
                  а напасть от-от...
тоді
           невідомо чому,
спалахуєш сам
і згораєш, як дозорна вежа.

***

Дізнаюся,
           що зачислено мене
до відщепенців.
           І слава тобі Господи!
От і прийшло відлучення,
           прийшло саме по собі.

***

Коли засинають квіти,
           вони дихають так тихенько,
як немовлята з рум'яними личками

***

Денна пайка цукру
           розсипалася по долівці
маленькою
                  дрібненькою
                             жалюгідною
                                       ілюзією насолоди.

...

If firesteel
    struck in a rush
doesn't give out God's spark
          when adversity is imminent . . .
then
    it's not clear why
you yourself flare up
and burn, like a watchtower.

...

I discover
    that I am counted
with the renegades.
    Glory be, Lord!
And so separation came
        all on its own.

...

When flowers fall asleep
    they breathe as softly
as infants with rosy cheeks.

...

The daily sugar allowance
    scattered on the floor
    in a small,
        grainy,
        sorrowful
            illusion of sweetness.

...

Постійно не задоволений собою:
    усе не так,
        усе не досконало.
Причина:
    змалку не навчився правильно дихати.
– А хіба дихати вчаться?
– . . . .

...

Напевно,
    таки належиться бути блудним сином,
коли тебе виганяють з власного дому.

...

...приснилася обшарпана обкладинка.
    Буцімто, так і задумано
        до нової книжки.

...

Цю змію називають мідянкою.

...

На долівці
    біля залізних дверей
        стос залізних мисок,
другий стос
    і третій стос.
І нас тут три стоси.

• • •

I am always unhappy with myself:
     nothing is right,
         nothing is perfect.
The reason:
     as a child I didn't learn to breathe properly.
—Does breathing need to be learned?
—. . . . .

• • •

Surely,
     you deserve to be a prodigal son,
   if they banish you from your own home.

• • •

. . . I dreamed about a tattered book cover.
Maybe, that was intended
        for the new book.

• • •

This serpent is called copperhead.

• • •

On the stoop
     near the iron door
         is a stack of iron bowls,
a second stack,
        and a third one.
There are three stacks of us here.

* * *

Не тормошіть його так!
     Чуєте?! Не тормошіть!
Ви що, не бачите,
     Що він уже мертвий?!

* * *

Було сказано,
          що причастившись сіллю землі —
мінерал вступив у протидію з духом.
Саме через цю безкінечну реакцію
     маємо тугу
               біль
                    і неспокій.

* * *

Там, де усі сторонні —
     Вхід стороннім заборонено.

* * *

Мамо, не стійте так довго під тюрмою!
Бо що це дасть?
Москва сльозам не вірить.

* * *

Чи не кожен день бачу,
     як комусь терпець вривається.

• • •

Stop shaking him so much!
    You hear? Stop shaking him!
Can't you see
    That he is already dead?!

• • •

It was said
    that having communed with the salt of the earth—
the mineral began to oppose the spirit.
And because of this eternal reaction
    we have loneliness,
                pain,
                    and unrest.

• • •

There, where all the outsiders are—
    Entrance to outsiders is forbidden.

• • •

Mother, don't linger so long by the prison!
What will that accomplish?
Moscow doesn't believe in tears.

• • •

Don't I witness everyday
    how someone's patience breaks.

...

Найвірогідніше,
  що звироднілі краснолюдки
    мали б закопати
     книгу своїх одкровень
десь під своїм палацом.

...

Якщо зціплюю зуби –
    стримую себе.
Мушу себе стримувати,
    тому зціплюю зуби.

...

В пострижених
  волосся зі страху вже не піднімається

...

Чому маю боятися?
Імперія зла рухне!
Розвалиться, як і всі попередні,
Бо такий закон вічности.
Слава Тобі, Боже,
За цей Закон!
То чого ж маю боятися.

302

...

It's completely believable
that vile red humanoids*
            buried
                their book of bloodshed
  somewhere under their palace.

* *Reds/Russians.*

...

If I clench my teeth—
            I stop myself.
I must stop myself,
            so I clench my teeth.

...

On shaved heads
        hair no longer rises from fear.

...

Why should I be afraid?
The empire of evil will collapse!
It will fall apart, like all others before it,
Because such is the law of eternity.
Thank You, God,
For this Law!
So why should I be afraid.

. . .

Охрипла зима перейшла через кожного з нас
і було навіть намагання перевести стрілки на літній час
якби вони не застряли в колючому дроті
прогулянкового дворика.

. . .

Забирай собі ці фотографії збурення!
Можеш робити з ними, що хочеш!
Можеш їх викинути!

    Вибач,
      маю обмаль часу —
      мушу бігти у поле
                 квітів...

• • •

Each of us has endured a harsh winter
there was even an attempt to change dials to summer hours
if they hadn't gotten stuck on the barbed wire
in the promenade yard.

• • •

Take away all these photographs of rebellion!
You can do whatever you want with them!
You can throw them away!

    Sorry,
       I'm running out of time—
    I must run into a field
        of flowers . . .

ACKNOWLEDGMENTS

My deepest gratitude to Mykola Horbal for allowing me to translate his poetic reflections and reopen the painful memories of his years of incarceration in the Gulag. Also, for the use of Bohdan Horbal's drawings.

Thank you, Christine Lysnewycz Holbert, Lost Horse Press Publisher, and Grace Mahoney, Series Editor, for your incredible contribution to Ukrainian literature by making it more available to the world through the *Lost Horse Press Contemporary Ukrainian Poetry Series*. Your guidance and encouragement in putting together this volume is truly appreciated.

Thank you, Publisher Taras Vashkiv (Ternopil) for the digital Ukrainian text and copies of Bohdan Horbal's drawings.

Thank you, Marta Stefaniuk, for editing and color correcting the digital images and photos.

Heartfelt thanks to my family and friends for their endless support, patience, and encouragement.

Select translations of poems in this book have been published in the following journals:

Sunflowers: Ukrainian Poetry on War, Resistance, Hope and Peace (River Paw Press, 2022): "Without a Sound," "If we gather all your tears"

Wordpeace: Ukraine in Solidarity (2022): "Surely you monsters don't think," "Starved for the world," "Scrape, scrape," "The dream thickens," "Rows of shaven heads," "The candles in the fortresses," "They took turns," "Without a sound," "If we gather all your tears"

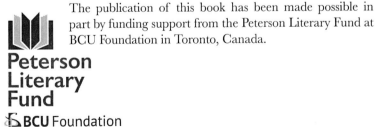

The publication of this book has been made possible in part by funding support from the Peterson Literary Fund at BCU Foundation in Toronto, Canada.

The Art of Bohdan Horbal

The cover art and drawings in this book were done by Bohdan Horbal (1937-1998), Mykola's older brother. Bohdan was born with Downs Syndrome. He lived in the village with his mother, did not go to school, read or write. All of his life he drew pictures from morning until night. No one took the drawings seriously.

When Mykola was brought to the prison camp in Mordovia, he was astounded that he was now seeing the images in Bohdan's drawings with his own eyes. The hordes of prisoners, guards in helmets with automatic machines guns, dogs, prison walls and fences, had all been depicted in Bohdan's art. Knowing that Bohdan himself could never have seen any of this, he realized some of his brother's works were truly visionary, and after his release Mykola salvaged as many drawings as possible and created a small museum in his home village, Letiache, where the works are exhibited. In addition, in 1999 he established *Bohdan's Gallery Charitable Foundation* to support non-traditional art and aid non-professional artists with disabilities.

Forgive me, my beloved brother, that I didn't appreciate your strange drawings of the million columns of little men, monsters decorated with medals devouring each other, huge dogs guarding hordes of little people. Oh, how they speak to me now!

—excerpt from note attached to a song Mykola dedicated to his brother (Ural prison camp, 1973)

MYKOLA HORBAL (b. 1940) is a Ukrainian poet, musician, and human rights activist of Lemko heritage. Repressed by the Soviet regime for his dissident writing, Horbal was imprisoned three times in the Gulag for "anti-Soviet agitation and propaganda." Relatively unknown outside of Ukraine, his poems from imprisonment are a unique example of fortitude and creativity in captivity. Published originally in 1983 by Smoloskyp and republished in expanded form in Kyiv in 2008, Horbal's *Details of an Hourglass* merit their rightful place among the works that laid foundations for the Ukrainian national renaissance and political independence that have paved the way for contemporary Ukrainian literature.

MYROSIA STEFANIUK is a teacher, writer, and translator based in Michigan. Her published translations include *Icarus with Butterfly Wings* by Vasyl Holoborodko (Exile Press, 1991) and *Wild Dog Rose Moon* by Mykola Vorobiov (Exile Press, 1992) as well as poetry and prose in numerous anthologies and literary journals.